我的教育思考

白旭宁 著

首都师范大学出版社
CAPITAL NORMAL UNIVERSITY PRESS

图书在版编目（CIP）数据

我的教育思考/白旭宁著. —北京：首都师范大学出版社，2022.8
ISBN 978-7-5656-7017-6

Ⅰ.①我… Ⅱ.①白… Ⅲ.①教育—文集 Ⅳ.①G4-53

中国版本图书馆 CIP 数据核字（2022）第 093022 号

我的教育思考

白旭宁　著

责任编辑　连景岩
首都师范大学出版社出版发行
地　　址　北京西三环北路 105 号
邮　　编　100048
电　　话　68418523（总编室）68982468（发行部）
网　　址　http://cnupn.cnu.edu.cn
印　　刷　天津雅泽印刷有限公司
经　　销　全国新华书店
版　　次　2022 年 8 月第 1 版
印　　次　2022 年 8 月第 1 次印刷
开　　本　710mm×1000mm　1/16
印　　张　11.25
字　　数　190 千
定　　价　56.00 元

版权所有　违者必究
如有质量问题　请与出版社联系退换

自 序

从我1993年走上工作岗位至今已近三十年，这些年我一直在职业学校工作。不论是在中职学校还是高职院校，不管是当干事、教师，还是担任学校中层管理干部或校级领导，不论是年轻时还是步入中年后，我都始终如一爱岗敬业、恪守本职、不敢懈怠。凭着心里头那一股子干劲、闯劲与韧劲，我无怨无悔地为学校、为师生竭尽所能地努力工作。我知道，与党组织对我的培养相比，自己做得还不够尽善尽美。由于使命在心、责任在肩，加之时光荏苒、岁月匆匆，我无暇顾及个人得失，回看自己走过的路，因为我的心里装的是广大师生，考虑的是充满激情的职教事业，我的目光永远朝向未来和明天。

如今已过知天命之年，我不由得回首自己走过的路。那一页页书稿材料，一摞摞报纸杂志，一张张荣誉证书……无不留下我为职教事业奋斗的历程中点点滴滴的心血。这个假期，我把书柜中这些文字材料翻出来整理，才发现自己积累的素材也算得上"硕果累累"，便心生一念，何不将它们汇集成书，给自己孜孜不倦的职教人生做个小结。

一个人选择了教师这个职业，便意味着选择了一种与文字和学生打交道的生活方式，便注定要将读书学习、思考探索、科学研究、论文写作、讲课育人作为自己的精神追求。正是由于特定的职业习惯，我对自己有清醒的认识，特别是对自己的优缺点内心是格外清楚的，一直能够主宰并选择自己的人生大事。朴实善良的仁爱本性加上强烈的责任心和奉献精神，让我在大学选择学习政治历史专业，因自小酷爱文学，便自修了汉语言文学，后因管理工作需要，函授完成党政管理和行政管理两个专业的学习。平时虽然知识涉猎较广，但总觉得眼界不宽、学识不深、文采不够，本领恐慌促使我勤学奋进、不敢懈怠。我平时喜欢学习哲学，乐于思考探索，笔耕不辍，便有了一篇篇哲理散文；加之自己主要从事党团、学生、思政工作，因教学和科研之所需，便有了一篇篇的论文及心得体会文章。在我看来，它们是我思想火花的自然流露，是个人精神世界的真诚告白，是繁忙工作之余思考的结果，更是自己作为一名有着 30 年党龄的党员干部的初心使命的真实写照。

作为一名教师，写自己所做，做自己所写，为自己亲身经历的事情留痕，让后来人从中受些教育和启发，这难道不也是一种言传身教的教育和引导？我把自己的教育思考感悟汇编成册，为它想了个名字"我的教育思考"，分为教育感悟、教学研究、学习心得等篇章。收录的文章中以篇幅较短的碎片文章居多，大多已经公开发表，有的虽未发表但也初步成熟。尽管个人才气不足，也知作品不成体系、良莠不齐，现斗胆将其展示给大家，目的是希望它们能给年轻的老师一些启发和帮助，以提升职教工作者的自我修为与职业幸福感，促使更多的年轻人争做新时代大国工匠的筑梦人。这便是作者之大幸，作品之大幸。

因本人水平有限，加之时间仓促，书中一定会有很多的瑕疵和缺陷。敬请读者不吝赐教，多提批评意见。

白旭宁
2022 年 4 月

| 目 录 |

第一部分　教育感悟

《师说》新解 …………………………………………………（2）
发挥职业教育在新农村建设中的重要作用 …………………（5）
发展我国西部地区职业教育之我见 …………………………（8）
处理好学校党政关系之我见 …………………………………（10）
教师应该带着感情走进教室走上讲台 ………………………（13）
如何创造适合学生的中职教育 ………………………………（17）
论中职办学中应注意的几种关系 ……………………………（21）
围绕煤炭产业开发　拓宽职业教育路子 ……………………（26）
发展职业教育　奠基幸福人生 ………………………………（28）
以疫情防控为教材　开展立德树人教育 ……………………（30）
坚持问题导向教学　提升课堂育人品质 ……………………（33）
庆阳职业技术学院"明理求真、精工致用"校训释义 ……（37）
抓好学校党建工作必须始终做到"五个加强不放松" ……（39）
关于高等职业教育几个关键问题的思考 ……………………（43）
职业院校教学校长领导能力的提升策略 ……………………（52）
坚守初心使命　潜心立德树人 ………………………………（56）

第二部分　教学研究

学校课程思政一体化建设策略 ………………………………（60）
高职院校课程思政的建设路径探究 …………………………（63）
高职院校课程思政的教学设计方法探究 ……………………（67）

1

高职院校课程思政建设应处理好几个关系……………………（72）
推进高职院校课程思政建设的三个着力点…………………（75）
基于职业能力培养的高职高专护理专业课程项目化教学策略研究……（79）
加强高校思想政治工作　落实立德树人根本任务……………（84）
提高"职业道德和职业指导"教学效果之我见………………（87）
寻找学校与社会的结合点
　　——浅谈中职德育工作社会化的现实性与可能性…………（90）
以科学发展观为指导　筹建庆阳职业技术学院………………（93）
对中高职院校贯通有关问题的思考及建议……………………（98）
中职学校职业指导工作的现状和对策…………………………（103）

第三部分　学习心得

解放思想　更新理念　创新思路　谋求发展
　　——清华大学甘肃省高校教学副校长管理能力提升高级
　　　研修班学习心得体会………………………………………（110）
深入学习贯彻习近平总书记"七一"重要讲话精神　努力推动
　　学院教育教学事业高质量发展……………………………（120）
强化制度意识　提升高校治理能力和水平
　　——学习贯彻党的十九届四中全会精神学习心得体会……（123）
心怀职教梦想　同舟共济前行
　　——参加同济大学"卓越校长"培训班学习心得体会……（127）
学好百年党史　汲取奋进力量…………………………………（136）
学习贯彻党的十九届六中全会精神　深入推进立德树人工作……（139）
学习贯彻习近平总书记视察山丹培黎学校的重要讲话精神
　　教育和引导学生通过学习奋斗掌握一技之长………………（142）
参加2017（第三届）中国职业教育国际合作峰会学习心得体会……（145）
参加2019年甘肃省高校教师发展中心管理干部研修班学习体会……（153）
开阔新视野　明晰新方向　谋求新发展
　　——2020年全省高职院校长高质量发展专题培训心得体会……（156）
参加2021年全省高职院校班子成员能力提升培训班学习心得体会……（161）

沉浸上海团校　汲取奋进力量
　　——甘肃省高校就业创业高级培训班学习心得体会……………(164)

第四部分　附录

白旭宁简介……………………………………………………………(170)

第一部分
教育感悟

《师说》新解

韩愈在《师说》一文开篇道："古之学者必有师。师者，所以传道授业解惑也。"它简明扼要、生动具体地概括了我国教师这一职业的基本工作任务，对当时乃至以后的教育工作者都有指导和启发意义。

重读《师说》一文，进一步深刻理解和体会教师这一神圣职业的重要地位和社会意义，我们对"传道、授业、解惑"的含义的理解应有所扩展、创新和发展，应该赋予教师工作新的时代内涵。

所谓"传道"即传授道理。韩愈的"道"是指自古相传的"修身、齐家、治国、平天下"之道。这里的"道"包含仁义道德内容，是指以先秦两汉的古道为准则，竭力倡导儒家的道德观念。对此，曾国藩说，传道谓修己治人之道，也即儒家的伦理道德。韩愈是针对唐代道教被奉为国教，崇儒学、辟佛老而提出"传道"的，即传承祖宗之道。在21世纪的今天，面对新时代、新任务，应赋予"传道"哪些新内容呢？教师以培养"四有"新人为出发点，除了传播中华民族优秀的传统美德、传统文化、道德规范、行为准则、思想观念外，要始终头脑清醒地站在新的理论高度，着重进行崇高理想、信念、纪律、法制教育、科学发展观及习近平新时代中国特色社会主义思想。在传授道理的过程中，要突出爱国主义、集体主义、社会主义的德育基本内容，深入开展世界观、人生观、价值观教育，使学生在政治上具有敏锐的洞察力和辨别是非能力，始终保持正确的政治立场、观点和方向，能够形成良好的品德。要为学生的全面发展提供精神动力和思想保证，发挥"导向"功能。在学校，"传道"的任务一般是通过德育来完成的，主要通过德育知识的灌输、教育者人格的示范及现实中榜样典型的树立、集体舆论等方法实现，但这些方法所存在的忽视作为主体的学生其潜在的能动性、忽视学生个性差异及道德内化过程等不足也日益显露出来。随着素质教育思想的确立，对道德教育的要求更多地应侧重于作为主体的学生不断发展自身的潜能，解放和完善学生的个性上来，促使学生道德知识、道德情感、道德意志、道德行为的全面、和谐发展，形成较为合理的道德素质结构。因此说，德育的成败关键看教师是否真正切实地调动了学生的情绪状态。教师应将德育始终放在首位，因材施教，加强以自我教育为主的德育方法研究和实践，让学生通过自觉的内心体验、民主讨论、思想交流，完成思想道德的转化，培养良好的行为习惯，以提高学生在多元社会、多样行为中的道德评价水平，增强抵制各种不良思想和诱惑的能力，以达到"自育乃育人之本"的目的。

《师说》中说到的"授业"是指教授"古文"和"六艺经传"。很明显，这里的"授业"仅限于授父辈之业，它带有阶级局限性。现代意义上的"授业"主要是指传授学生现代科学文化知识和技能，进行"智育"工作。这是学校教育、教学工作的核心和重点。在科学技术突飞猛进、知识更新速度加快、信息技术日新月异的今天，教师要想收到良好的教学效果，其授业观念也应与时俱进。知识和技能的传授不能仅仅局限于课本内，不能只限于给学生传授教师的一技之长，而要着重教给学生科学的学习方法和思维方式，培养学生的创造性思维和学习兴趣，让学生想学、会学、学好。即要"授人以渔"，而不是"授人以鱼"。为了适应竞争就业的严峻形势，让学生毕业后能更好地学习、工作，学校要改革现有的教材体系和教学模式，积极创造条件引进现代化的教学手段，努力提高教学质量。教师要学而不厌，诲人不倦，不断学习和接受新知识和信息，教给学生真正有用的知识、独立解决问题的能力、适应复杂多变社会的能力，为学生的全面成才倾心尽力，无私奉献。

"解惑"即解释疑难问题。韩愈所指的"解惑"即解六经之惑。将它与"传道、授业"相提并论，可见其对"解惑"的重视。当今社会，教师"解惑"的责任更为重大，任务更艰巨。因为学生思想上的疑虑和困惑更为纷繁复杂、更为严重，除了一般意义上"共性"的人生困惑外，目前学生困惑较多的是随着社会生活的大变化和快节奏，所产生的种种迷茫、消沉、悲观、脆弱情感和精神压力等。教育工作中，有学生对社会上的种种不正之风深恶痛绝而又无可奈何，对"下岗"人员增多、道德滑坡等难以理解，产生片面甚至错误认识。有的学生受不健康的文化内容和网络信息的影响，理想、信念、人生追求、生活方式变了样，人生观和价值观发生倾斜。要解决这些问题，教师就要积极进行学情分析和学生思想状况调查，培养学生良好的心理素质、健全的人格，用科学的思想工作方法、心理保健知识去及时解开学生思想上的疑惑，廓清其前进的迷雾，引导学生正确生活和健康成长。有的学校已经认识到心理保健与德育工作的密切关系，开设了心理咨询课，让老师及时为学生排忧解难，这对提高学生的思想和心理素质，树立正确的思想观念具有十分重要的意义。此做法很值得学习和借鉴。教师能否及时为学生"解惑"，因势利导地将学生引向健康成长轨道，也是师爱之心的集中体现。

随着我国社会政治、经济改革的进一步发展，教师这一神圣的职业还将得到全社会的青睐和重视。作为教书育人的人类灵魂的工程师，教师就不能把工作仅仅局限于传统意义上的"传道、授业、解惑"，而要随着社会和形势的发展，自觉转变思想观念，不断拓宽知识面，加强继续教育和教学创新，积极赋予教师工作新的时代内容，使教师的职业内涵更为全面、科学和丰富，富有社会主义的崭新时代特征。

（2006年《教苑新探》刊登）

发挥职业教育在新农村建设中的重要作用

党的十六届五中全会提出建设社会主义新农村的宏伟目标。农民是新农村的建设者，新农村的建设离不开高素质的农民。如何采取切实有效的措施提高农民的素质，加快社会主义新农村建设的步伐？大力发展职业教育是一项十分紧迫的任务。

一、建设社会主义新农村需要培育和造就千千万万高素质的现代新型农民

培育新型农民是建设社会主义新农村的前提条件和首要环节。农业的主体是农民，农村的主人也是农民。没有农民的现代化，就谈不上农业的现代化。农民问题，主要是农民文化素质不高、收入过低、经济负担过重问题。"三农"问题的核心在于农业生产方式的落后，农产品产业化、市场化程度低，农民生活水平低。当时，我国西部地区农民的素质有了较大的提高，但与新农村建设所提倡的"有文化、懂技术、会经营"的新型农民要求和"生产发展、生活富裕、乡风文明、村容整洁、管理民主"的社会主义新农村建设的总体目标还有不小的差距。主要表现在：（1）农民受教育程度比较低。大多数农民基本上仍属于体力型和经验型农民，不具备现代化大生产和现代农业所必需的科学文化素质。（2）农民的小农经济观念根深蒂固。大多数农民的经营管理素质不高，缺乏开放的市场经济意识，市场竞争意识淡薄，对农业产业化、市场化缺乏必要的思想和物质准备。（3）农民的民主法制观念、思想道德素质、精神文化生活等还有待进一步提高。这些都影响着现代农业建设，制约着农村劳动力向非农产业和城镇转移。如果不能从根本上提高广大农民的素质，势必影响农村社会各项事业的发展，影响建设社会主义新农村的进程。

二、在社会主义新农村建设进程中，职业教育发挥着极为重要的作用

亿万农民是建设社会主义新农村的主体。作为与农村经济社会发展有着紧密而直接联系的职业教育，在解决"三农"问题、构建和谐社会、提高农民素质、扶助弱势群体、转移农村剩余劳动力、推动农村经济发展等方面发挥着不可替代的作用。

发展职业教育是解决"三农"问题、构建和谐社会的治本之策。农业、农村、农民问题的根本解决，关键在于提高农民的文化科技素质，最终要依靠教育，其突破口在于为"三农"直接服务的职业教育。职业教育的基本使命就是使人们获得某种职业知识和技能，进而能够增加智力资本。农村更为需要职业教育，是因为在农村，应该获得这种资源的多属于弱势群体，是扶贫的对象，他们通过职业教育能摆脱贫困，能够促进和谐社会的构建。国务委员陈至立认为："中国职业教育是让农民脱贫的最好方式，特别是中等职业教育，对农村的孩子而言是一条捷径。"职业教育以其办学形式灵活、周期短、费用低、实用性强而受到农民的欢迎。在当时的农村，能够在义务教育期满后进入普通教育学校学习的人非常有限，而职业教育的目标人群则要广泛得多。遗憾的是，此前农村劳动力的86.4%未经任何专业技能培训，农村半数以上的初中毕业生未能接受职业培训。与此同时，80%以上的职业学校出现生存危机。究其原因，既有观念方面的原因，也有制度方面的原因，重要的是要从根本上澄清农村职业教育的基本理念，提高办学质量和效益。

发展职业教育是加快农村剩余劳动力转移、推动农村经济发展的有效措施。农村劳动力素质不高，成为制约农村劳动力转移的主要因素，也是导致农民工"回流"的主要原因。只有通过专门的职业教育与形式多样的技能培训，使他们掌握一定的专长、技术和信息，增加获取参与人口流动的条件和机会，增强自主创业能力，才能顺利实现向非农产业和城镇流动。我国多年的扶贫经验表明，简单的直接给予经济救助，不如改变农民的思想观念，使他们掌握农业科技知识，从而摆脱贫困。依靠科技进步，提高农业生产的科技水平，是提高农业经济效益，促进农民增收的重要途径。实践已经证明，农村劳动力转移培训，促进了农村富余劳动力就业，对农民增收提供了强有力的支持，开辟了智力扶贫的有效途径。诺贝尔经济学奖获得者、美国经济学家舒尔茨认为，落后地区之所以落后，关键是他们缺乏现代经济的知识和技能。甘肃省委组织部为帮扶环县，从 2006 年起，连续三年每年为环县培养 200 名中等职业人才，这正是加快老区经济社会发展和群众脱贫致富步伐的得力举措。通过大力发展职业教育，使农村广大的人力资源开发成人力资本，实现了农村经济的快速发展，实现农村的小康。

  发展职业教育是提高农民素质的最重要措施和途径。我国西部的农业和农村经济面临严峻挑战，农村劳动者素质不高、科技转化率低已经成为影响和制约农村经济发展的主要因素。没有新农民，就不可能建成新农村。建设新农村，必须以人为本，以全面提高农村人口素质为主要目标，这必须依靠发展农村教育，特别是职业教育。因为以"为新农村建设服务、为农业发展服务、为农民脱贫致富服务"为办学方向，以培养掌握现代农业科学技术和经营管理的新型农民、提高农业劳动者素质为主要目标的职业教育，是加快科技向现实生产力转化进程的重要基础工程，可以为社会主义新农村建设提供智力支持和人才支撑。

发展我国西部地区职业教育之我见

对于职业教育的地位的认识，经过人们艰难的探索和长期实践之后，近年来的认识基本趋于一致。自2005年的全国职教工作会议之后，各地陆续召开贯彻落实会议精神，相继出台了一系列扶持职业教育发展的政策和措施。对西部的地区来说，如何把中央的政策付诸实践、如何才能做大做强职业教育值得思考。笔者认为，关键要做到以下三点：

第一，政府领导要真正重视。职业教育实行地方负责、行业办学、分级管理的领导体制。各级领导是否重视，关系极大。没有领导的重视，就不能把职业教育工作摆上应有的位置，经常研究讨论；没有领导的重视，就不能采取有力的措施，切实解决实际问题，特别是发展规划、政策措施、条件保障、资源配置等重大问题。各地的实践已经证明，只有领导特别是主要领导重视，才能带动逐级领导和有关部门的重视，形成上下左右齐心协力抓职教的局面。领导的重视不能停留在文件和会议上，而是要体现在俯下身子抓落实上。职业教育存在的问题既多又难，只有坚持抓，具体抓，反复抓，才能解决。

第二，社会各界要大力支持。职业教育不属于义务教育，在我国西部经济欠发达地区办职业教育，政府不能全包全揽，必须依靠全社会的共同努力。要调动企业的积极性，坚持多种形式办职教。政府要出台相关政策，引导和鼓励企事业单位、社会团体、社区组织以及公民集体或个人利用多种形式举办职业学校。家长、社会青年和学生要转变思想观念，把选择接受职业教育、提高技能作为成就一番事业的捷径。教育、人事、财政、劳动保障等部门要鼎立协作，营造良好的外部环境，积极支持职业教育的发展。

第三，职教工作者要艰苦奋斗。搞好职业教育，归根结底要靠职业教育工作者的探索创新和不懈努力。数十年来，我国西部地区的广大职教工作者，在艰苦的条件下，任劳任怨，呕心沥血，为职业教育事业的发展做出了巨大贡献。随着经济发展和社会进步，职业教育的办学条件会有所改善，但困难和问题不是短期内都能解决的。因此，广大职教工作者要树立远大理想，以从事教师工作为荣，为着民族的振兴，为着祖国的未来，为着农村的发展，不怕艰难，忘我工作。要勤俭办学，挖掘潜力，创造条件，把学校办好，把学生教好，培育出高素质的人才，为全面建设小康社会做出应有的贡献。

处理好学校党政关系之我见

校长是学校的法人代表，承担学校管理的责任，对学校的教育教学工作和行政工作全面负责，统一领导。党组织的功能，应当主要表现在对学校各项工作的监督保证上。党政虽然功能不同，但目的都是通过党和政两方面的努力，来共同实现学校的办学目标，把学校办好。党政关系协调是办好学校的关键。从实际来说，党政关系的核心其实就是书记、校长的关系。

学校党委书记既是党委会的成员，又是"班长"；既是基层党组织和思想政治工作的领导者，又是党、政、工各方面工作的协调者；既是党的基本路线和教育方针在学校贯彻落实的执行者、保证者，又是对党员和干部进行监督的教育者、管理者；既是教育教学和行政工作重大问题决策的参与者、支持者，又是为全体教职工的利益而辛勤工作的服务者。如何正确处理学校党政之间的关系呢？

一、树立正确的权力观

权力是干部贯彻国家政令、法规，全心全意为人民服务，为群众谋利益的手段。书记、校长的权力是人民群众赋予的，不是个人的私有财产。所以，作为党政主要领导就要树立正确的权力观，牢记全心全意为人民服务的根本宗旨，坚持把人民的根本利益作为出发点和落脚点，想方设法为学校、为广大的教职工和学生服务。

二、加强学习，提高素质

党政领导做到同心同德、和衷共济，有赖于领导者个人素质的提高。因此，必须加强学习。领导干部要讲学习，讲政治，讲团结。学习是第一件大事。刘少奇同志的《论共产党员的修养》、毛泽东同志的《为人民服务》《纪念白求恩》都是每个党员干部的必读经典。当前要在思想上、政治上与党中央保持一致，把大家的思想认识统一起来，解放思想，与时俱进，团结奋进,开拓进取。这是思想基础和政治保证。

三、明确职责,团结合作

在学校中,党组织要起到政治核心作用、保障监督作用、战斗堡垒作用和党员的先锋模范作用。党组织要保障学校办学的方向,保障国家的教育方针贯彻落实;领导学校的思想政治工作。校长领导学校的德育、教学、财务、总务、人事、行政工作,并实行决策和指挥。

党政要明确职责,各司其职,做到分工不分家。党组织和书记要围绕学校的德育工作、教学工作、总务工作、人事管理、行政管理工作,改进和加强干部教职工的思想政治工作,教育党员在学校各项工作中起模范作用,团结、带领群众实现校长的办学思路和制定的目标。校长在重大问题上的决策,应该主动与书记沟通,协调一致。在党内广泛征求党员意见,统一思想认识,取得党员的理解和支持。总之,党政工作要优势互补,达到异曲同工的效果。在研究学校重大问题时,校长、书记要互相尊重,平等协商。不仅要倾听对方的相同意见,而且要善于倾听对方的不同意见或反对意见,特别要倾听不同意见、反对意见的理由。善于把各种不同意见、反对意见加以鉴别和比较,从中吸取集体的智慧,进行科学和民主的决策。在学校党政关系上,不能"以党代政"或"以政代党"。党政一定要明确职责,团结合作,才能更好地搞好学校的各项工作。否则,将会影响学校的发展。

四、加强沟通,顾全大局

在学校工作中,书记、校长一定要加强沟通,顾全大局。遇到重大原则问题,书记、校长都要服从国家的法律、法规、政策,以党和人民的利益为重,一切以学校的工作为重。讲究方法和策略。如果校长、书记在某种事情上因为信息没及时沟通造成误解时,就需要双方识大体、顾大局,从团结的愿望出发,推心置腹,坦诚相见,消除误会。即使一方的确有道理,也不能有理不饶人。而另一方也不必顾及自己面子、尊严而固执己见,要学会虚心接纳别人的正确意见,适当让步。事情往往是这样,一方显示了一种大度,另一方也会进行调整,从而达成新的统一。

五、谦虚谨慎,以宽待人

"谦受益,满招损",这条至理名言在协调共进中有着很重要的作用。为人谦和,人皆敬之;自满自足,人皆弃之。凡成大事者,无不重视群体的力量。校长、书记在改造客观世界的同时,要不断地改造主观世界。加强自身的修养，做到勤勉、公正、廉洁。校长、书记要加强修养，努力做到严于律己，宽以待人，谦虚谨慎，戒骄戒躁。在荣誉面前，把成绩归功于群众和领导集体，不贪天之功窃为己有。工作出现了失误，要勇于承担责任，认真地做自我批评，不文过饰非，互相埋怨和指责。学会相互理解、相互包容，真正做到同心同德、干事创业。

教师应该带着感情走进教室走上讲台

前些年，我曾给学生做过一个主题为《树立理想》的讲座，当讲座结束我离开教室时，学生给以热烈的掌声。霎那间，一股自豪感激励了我，一句"教师应该带着感情走进教室"涌上我的心头。过了数年，这句话仍一直萦绕在我的心间，现就"如何培养师生之间的感情"谈几点看法。

一、重视师生情感的感染与激励

教育工作的最大特点在于它的工作对象都是有思想、有感情的、活动着的个体，教师在教学活动中是教学活动的组织者、指导者和参与者。创设教育主题、提出问题情境、设置问题，首先要注意从学生的角度出发，符合学生的年龄特征和认知规律，要让学生感兴趣，要引起学生学习的主动性；其次要注意难易适度，让学生积极参与思维过程，启发学生自主分析问题，尝试解决问题的办法，让学生能通过自己的思考得出结论。在学生独立思考的基础上，对于还不能理解的问题，教师可适当地进行点拨，并让学生展开讨论。这一过程又是培养学生与他人合作、多渠道获取信息能力的过程。通过师生相互沟通、相互影响、相互补充，从而达到共识、共享、共进。

集中授课的课堂教学模式，总不可避免地存在着师生之间的感情冲撞，一方发出刺激信号，一方接受信息并产生反应，双方互相作用。当双方为共同目标而同步共振时，这时产生的课堂效应即为正效应，反之，则为零效应或负效应。由负效应反馈所临时滋生的教师情绪困扰，诸如情绪低落、心情恶劣、教学不感兴趣、易焦虑暴躁、爱发脾气等，自然是课堂教学中不容回避的教师心理障碍问题。为了提高课堂教学效果，教师在上课之前，首先要调整好自己的心态，满怀信心地走进教室，走向学生的世界。在教学活动中，教师既要以自己的专业知识、教学方法、教学技能去影响学生，同时又要重视情感的感染与激励，要以自己的感染力去影响学生，使学生成为教学过程中最积极、最活跃的主体。教师要尊重学生的认知，尊重学生的情感，尊重学生的经验，尊重学生的选择。教师可以用商量的口气与学生进行交谈，如"你能告诉我你的想法吗？""谁想说说……""谁愿意说说……"等。在倾听完学生的不同意见后，可以说："我真荣幸，我和你的意见相同。"话虽然简单，但足以说明教师已经把自己视为学生中的一员，关心、尊重、信任、理解和热爱每一个学生。要从教师权威的教授转向师生平等的交往与对话。老师可以故意犯错误，让学生指出错误，帮助老师更正，甚至允许学生插嘴。教师要对学生学习的水平、态度、情感进行适时、恰当的评价，哪怕是学生回答问题后教师说一句"你说得真不错""你的方法真好"，都是对学生的莫大鼓励，老师的评价能增强学生敢于提出问题、勤于解决问题的信心。由此建立起来的师生关系更加平等、更加融洽，形成师生间的教学合作、思想交流、情感沟通、人格碰撞的社会互动关系。

二、有爱的教育才是成功的教育

每次读陶行知先生的著作，我总被他的伟大师爱所感动。陶先生说"不要你的金，不要你的银，只要你的心"。我们每一位老师是否对学生充满了爱，整个教育过程是否是一个心心相印的活动，这是决定教育成功与否的关键。"成功的教育是爱的教育"，爱能激发学习的热情，能给学生勇气和信心。不管是课后还是课间，都要多与学生沟通，师生之间的感情是建立在沟通的基础上的。沟通多了，思想就通了，自然心也就通了。"不打不成材""恨铁不成钢"对于今天孩子的教育已经成为过去。我们千万不能用万分之一的代价去当作今天孩子教育的"赌注"。"教无定法，贵在得法"。教育无处不在，只要我们站在爱孩子的高度，我们教育的目光会更加宽广，我们的教育步伐会迈得更坚定、更快！

教师爱学生，学生才会爱教师。只有我们的学生感受到老师的爱，感受到自己被关注，他们才会喜欢乐意接受你的教学。只有爱学生，才能与学生情感相通，才能给学生积极向上的情感激励。当学生取得进步获得成功时，一句鼓励的话语，一个称赞的手势或微笑可能会让学生记得，甚至影响其一生。特别是一些贫困生和问题学生，更应该给他们关心和爱护。平时要多谈心，了解他们的心理，倾听他们的心声。要多一些表扬，少一些批评和责备，时常对他们说："你能行，老师相信你""不要怕，大胆试一试"。一旦学生感觉到被重视、关怀和期待，无形中也增加了自信。

三、善于捕捉和发现学生的闪光点

每一个学生都有自己的闪光之处。作为教师我们应该善于捕捉发现他们的闪光点。如果有的学生在体艺方面比较出众，我们应该把舞台充分地留给他们，给他们展示自我的空间。让他们在学生面前展示自己的风采，一旦自己得到师生的关注与认可，学生练习的积极性、主动性就会更高，因为他们找到了自己的价值所在。比如，有的学生很爱文学且基础很好，我们就应该抓住这个"闪光点"，给学生留有一定时间和展示自己的机会，并参与到文学社活动中"切磋"技艺，通过相互交流，认识到自己的价值，从而增进师生之间的感情交流。作为教师，要相信学生一定能行。在课堂上，对学生能独立完成的动作应该大胆让学生去尝试，让他们在尝试学习的过程中找到属于自己的练习方法。当学生取得进步或成功时要及时鼓励与表扬，不管是简单的问题还是动作表现，哪怕是细小的进步都要及时给予他们应得的表扬和肯定。一旦这种鼓励与表扬被学生认可，学生就会相信自己有这种能力完成，从而积极主动努力做好。

四、帮助学生树立自信心

正确认识我们面对的中职生，是实施有效的教育教学的前提。目前中职生源质量不高是普遍存在的问题，但是哪些地方需要提高、哪些方面是最关键的、如何去客观评价这些现象，是我们必须认识清楚的，如果我们的老师一味认为学生素质差，冷落、歧视他们，不去寻找解决的办法，而是用传统的办法实行批评教育，那就会陷入与现代教育规律背道而驰的泥淖而无法自拔。

一些学生学习不理想，而造成学生学习困难，有自身的原因，也有来自家庭、学校、社会等方面的原因，但最主要的是缺乏自信。因此，培养他们的自信心，提高他们的学习兴趣是很重要的。当学生遇到学习困难时，我们应该及时主动地帮助他们树立信心，不管是语言上的鼓励，还是行动上的帮扶，只要孩子的信心来了，你就可以放手了。其实，每一个孩子都是很出色的! 有的时候，只要我们把机会留给他们，相信他们能行。不嫌弃，不放弃，用爱、尊重与沟通联系起心理健康教育的桥梁。根据学校学生群体的特征，用爱与沟通去驱散学生心灵上的不安，给学生更多的尊重，让他们得到更多的重视和赏识，经常享受成功的快乐，是学校心理健康教育的特色。许多学生都是从中考的失败中走过来的，他们的心底深处埋藏着一种压抑，同时也充满了渴望，他们希望在新的环境中能找到自己的位置，体现自己的价值，许多教师都知道这一点，都不否认这一点。

五、教师要做学生的知心朋友

我觉得一个老师在平时如果注意和学生加强交流，使学生感到这位老师在关心自己，那么这位老师在学生心目中就具有亲和力，师生关系融洽了，他上课时学生就会更容易接受这位老师的课堂，更容易积极参与这堂课的教学。教师和学生的关系是相互的，如果老师和学生只是简单的教和学的关系，那这个老师肯定是个不成功的老师。师生关系涉及很多方面，最主要的是学习和生活。曾经听到过学生这样的言谈："我不喜欢某某老师，他不关心我们的学习，上完课就算了。我喜欢某某老师，他上课时耐心地指导我，课间能和我谈心交朋友，他很关心我的学习和生活……"实际上学生的这些话，就是指师生之间有了情感交流。我想，后者上课的课堂效率会高于前者，因为他注意了师生之间的交流。情感交流多了，课堂氛围融洽了，学生学习的兴趣就会很浓，热情会很高，注意力也就高度集中了。师生之间最重要的是交流，我们平时如果能听到学生真挚的心声、真诚的掌声，再大的疙瘩也会被解开。

(2011年第8期《空中英语教室》(社会科学版) 刊登)

如何创造适合学生的中职教育

中职教育与普通教育的不同性质决定了中职教育应有别于普通教育。这是影响和决定中职教育教学内容和方法的根本因素。当前中职教育的生源现状和学情特点，要求我们不得不认真反思中职教育，积极创造适合学生的中职教育。要做到此，首先应该做到以下三点。

一、从学生的个性特点出发，建立和谐的师生关系

学校是教师和学生互动的场所。师生相互学习，相互促进，共同营造着学校良好的道德环境和文化氛围。常言说得好，"亲其师方能信其道"。教学中情感因素的好坏直接影响到教学的效果。中职生源特点表明，生理发育和心理发育尚不平衡的中职生，有的是带着失败者的心态无奈地进入职业学校的。对他们来说，中考遭受的否定使他们很难在短期内得到他人的肯定，从内心深处获得人格尊严的情感渴求就更为强烈。教师如果继续以冷眼和低眼看待年轻好胜、自尊心特别强的中职生，必然会造成他们学习和发展过程中更多的困难和阻力，从而使教学管理难以顺利地进行。事实上，对待后进生，更应该尊重他们的人格，激发他们上进。教师一味地批评、训斥，只能引起学生的反感和抵触情绪，根本起不到教育学生的作用。因此，教师只有还学生以人格尊严，才能在相互信任的基础上构建实现教育者和学习者平等对话的平台，以满腔热情和殷切期望去开启学生的心扉，让他们获得昂扬向上的精神动力。从实践来看，具有广泛兴趣和鲜明个性特点的中职生，尽管其智力因素欠缺，但他们的非智力因素这一优势比较明显，只要化解不良行为，他们更适合于接受职业教育和训练，并掌握一技之长。这就要求避免师生间情感对立和冲突，建立和谐的师生关系。

从教师方面来说，首先要对学生满腔热情，不断加强师德修养，设身处地为学生着想，凭高超的教学技艺和水平，全身心地做好学生工作，创造和谐、轻松、愉悦的教学环境。其次，教师要尊重、关心、鼓励学生，注意发

现学生身上的优点和闪光点，并及时加以肯定，促进师生之间情感沟通和交流，建立一种彼此平等、互相尊重的良好师生关系。对此，本人有着深刻的体会，我的一场讲座引得学生长久的掌声，当走出教室时，我的脑海中油然而生一句"带着感情走进教室"。相信学生，带着感情积极地与学生交流沟通，教师就可以得到学生的理解和支持，就可以抓住学生工作的主动权。从学生角度来说，学生总是希望得到教师的尊重和重视，一旦他们意识到老师真心实意地关心自己时，就会自然而然地对教师产生尊敬和爱戴之情，同时也会产生一种巨大的学习激情和动力，甚至会促进学生健全人格的形成。目前，中职生文化基础普遍较差，思想素质亟待提高，情绪不稳定，容易出现心理障碍和过激行为，这要求广大中职教育工作者在严格要求的同时，更要注重情感因素在教学活动中的作用，创造一个和谐融洽的教学环境。只有处理好师生关系，才能保证中职良好的教学效果。

二、突出学生的主体地位，改革中职教学模式

长期以来，传统教育观强调以教师为中心，而忽视学生的学习体验。这表现在课堂教学模式上，就是教师独占讲台，习惯于"注入式"的"满堂灌"教学，学生只是被动地接受、理解，师生之间互动交流的机会不多。一些教师尽管想方设法让学生积极参与，如适时设疑提问、引入启发式教学等，但学生很难主动参与学习这一被动格局依旧未得到彻底改变。

与普通教育相比，中职教育更强调教学过程的实践性，学生的学习体验和技能掌握应该是最根本的要求。因此，其教学方法也应与普通教育有所不同。中职教育要求"以学生为中心，以能力发展为主"，培养学生的创新精神和实践能力。教师应该成为学习过程的策划者、课程设计者、学习过程的教练、指导者、导师和顾问。考虑到中职学生可塑性强、基础知识掌握相对薄弱的情况，教师在课堂教学中应做到以学生为中心，采用教师示范、多媒体实验、模拟实习、分组讨论、探究学习、实践训练、师傅带徒等新的教学模式，调动学生学习的积极性和参与性。广州某技校"让学生上讲台"的教学实践，就是体现学生主体性，促使教师改革教学内容，深化素质教育的有益尝试。这样，有助于从根本上改革陈旧的教学模式，培养中职生独立分析和解决问题的能力，提高学生的职业技能，更好地促进学生成长成才。

中职生渴望全面系统的职业知识学习和职业技能训练。中职课程改革应突出职业知识的掌握、职业素养的养成、职业能力的发展和职业态度与价值

观的形成。课程内容要适当超前，课程结构适应变化的需要。改革的方向应体现教学方法由理论性、封闭性、单一性、师生偏离性向实践性、开放性、系统性、师生互动性的模式转变。其核心目的是要贯穿实践导向，让学生在课堂教学中知识增量大，能力培养快，潜能得到有效开发。与此相配套的考试考核也要改革单一的闭卷考试方式，引入开卷考试、口试、面试、操作、技能考核等灵活多样的考试形式。加快建设现代职业教育体系，要求学校责无旁贷地承担起"提高人的素质和技术技能"的历史使命，要在课堂教学模式中强调全面发展的观点，教给学生通用技术和基本职业能力，以便在未来的社会中较好地适应职业的发展和变化。因此，探索适合学生特点的中职教育模式，突破传统的以学科为体系的教学模式，建立起以职业岗位需求为体系的教学新模式，缩短中职教育与就业岗位的距离，已经成为目前中职教育迫切需要解决的问题。

三、为学生的发展着想，提高就业质量

职业教育是就业教育。衡量中职教育质量和效益的好坏最重要的标准是能否提高学生的职业技能和创业能力、能否满足就业需求。其教育目的是使学生能够在某一种或某几种职业中就业，并且在职业生涯中能够得到发展。只有明确了这一点，才能从学生和社会的需要出发，采取有效措施，在提高就业率的同时，提升就业质量，创办让人民满意的职业教育。

目前学生对中职教育的最大、最迫切的需求是什么？是教授就业技能、创造就业机会。因为学生的需求也就是社会的需求。而要满足这一需求，就必须克服办学中的短期行为，下功夫提高办学水平和学生的就业质量。坚持以就业为导向，以"出口"拉动"进口"，使之成为职教人的共识。

对于西部地区的中职教育者来说，只有站在学生和家长的角度，正确理解、掌握中职学校的任务、培养目标，引入终身教育的理念，才能开创办学新局面。众所周知，青年人失业的危害性要比成年人失业更为严重。从这个意义上讲，适应社会和学生自身发展需求，提升就业质量就成为增强中职生就业竞争力和顺利就业的保障途径，成为职教事业发展的生命力所在。中职教育要为社会和经济的发展输送第一线的合格劳动者，满足受教育者学习技能、形成职业能力、求得生存和发展的最基本的需求，就必须以学生发展为根本，使中职生的兴趣、个性和特长得到充分、自由地发挥，培养他们适应未来社会的基础知识和竞争能力。

综上所述，只有以学生为主体，按照有利于满足就业需要、有利于提高

学生职业能力的原则，准确把握中职教育的本质属性和培养目标，深化中职教育教学改革，才能提高就业质量和办学竞争力，把中职学校办出特色，办出水平。

(2005年第4期《职教园地》刊登)

论中职办学中应注意的几种关系

教育质量是中职学校生存的基础，是关系到人民是否对职业教育满意度的形象工程。随着政府对发展职业教育的重视和中职学校的改革发展，中职的办学质量问题已经引起人们的普遍关注，重视质量的呼声越来越高。为了主动适应市场经济需要，进一步理清办学思路，建立有效的教学管理运行机制，保证学校教育教学质量，目前中职办学必须处理好以下各种关系。

一、教学与管理的关系

教学工作在任何时候都应该是学校的中心工作，是育人的关键环节。学校其他工作都必须服从和服务于这一中心。但近年来，一些中职学校在忙于改善、补充硬件设施的同时，也不同程度地存在着偏重争取生源、学生录取、联合办学、毕业推荐等工作，而对最关键的教学环节却重视不够，措施不力，教育教学质量令人担忧。这种倾向，将会影响到学校声誉和生源质量，不利于学校的长远发展，必须引起学校领导和教师的高度重视。怎样才能确保教学这个工作重心不偏移呢？关键是要不断强化"以教学为中心"的意识，克服各种片面认识，坚定全体师生抓好教学质量的信心和决心，做到狠抓教学工作不放松，使之不至于成为阶段性、突击性的工作。在教与学的过程中，教师的知识结构、授课方法、授课内容、精神状态对学生的影响是巨大的，所以提高教学质量的首要环节是抓好教师这一关。教师要适应工业化、城镇化、信息化的要求，引导、激发学生学习的自主性、积极性，充分发挥教师的主导作用和学生的主动作用。学校党政部门要把协调各方面提高教学质量作为学校的工作重心，通过建立有效的内部管理机制，处理好各方面的关系。各级教育行政领导和职能部门要重点围绕更新教育理念，抓好教学研究，加强专业建设，深化课程改革，强化技能训练，抓好师资建设等做扎实细致的工作，确保教学质量不断提高，以培养适应市场经济的应用型、技能型人才。

管理工作是办好中职教育的重要条件。管理就是服务，教学方面的管理就是要为教学工作服务。没有这样一种认识，就会出现为管理而管理，将管理凌驾于教学之上的错误做法，严重束缚教育体系应有的活力。中职学校的管理水平直接关系着学校的教学质量和发展前景。创新管理体制和管理制度是深化中职教学改革的保证。随着我国市场经济体制的完善，中职办学也相应地复杂起来。符合现代开放型中等职业学校运行规律的管理理念和管理制度还没有很好形成。中职办学体制的改革，必然要求学校内部管理体制随之改革。为此，学校要自觉地根据内外部不断变化着的情况和利益原则考虑和决定学校的发展。教学管理制度改革要坚持以人为本原则，当务之急是要减少刚性管理，加强人性化管理，让教职工参与制订管理目标和计划，充分调动广大教职工的积极性和创造性，增强学校服务经济社会和适应建设学习型社会的能力；要实行学分制改革，使学生能够根据就业需要和个人兴趣、条件选择学习内容、学习方法和学习时间，进而促进教学质量的提高和良好学风的培养。学校各级领导要认识到学校管理和教学一样，也是一门学问、一门科学，应该虚心学习兄弟学校先进的管理经验，增强为师生服务的意识，变"官位"为"岗位"，不断提高管理水平。改革中职现行的内部管理体制，其核心是建立全员聘任制，按需设岗，竞争上岗，优胜劣汰，将不胜任教学、管理的人流动出去，优化队伍，激励优秀人才的创新积极性。

当前，要着重改变学校内部存在的重教学轻管理、重管理人员轻教师、重教学改革轻科学管理等片面倾向。要把服务性、主动性、政策性、有效性、创造性等观点贯穿于中职教学和管理工作的始终，以此提高管理者的素质，促进教学和管理工作的全面协调发展。总之，要根据现代系统管理理论，念好中职学校管理"经"，让学校直接与市场接轨，使中职学校在适应经济社会需求中自主决策、自我约束、自我发展。

二、招生与就业的关系

招生和就业问题是目前直接影响和制约中职学校生存与发展的主要问题。随着中职学校的改革和发展，其生存和发展将完全由市场来选择。中职学校的办学宗旨是以就业为导向，服务社会，服务民生，为社会发展和经济建设服务。要实现这个"宗旨"，就必须不断提高育人质量，培养合格人才，得到社会的认可和企业、用工单位的信赖。中职学校要在激烈的市场竞争中立足，其前提和关键是要解决好毕业生的就业问题。如果中职学校在就业竞争中失利，将直接影响其生存。为此，学校必须采取积极有效的措施，抓好就业工作。市场化办学的新模式，要求中职学校把就业工作作为"龙头"，走"以就业促招生,以就业促教学,以就业促管理,以就业促学习"的路子。这已经成为中职教育工作者的共识。

有人认为招生工作是学校的头等大事,提出"生源就是财源"的观点。如何处理好招生和就业之间的关系呢?首先,要认识到招生和就业是相互制约、不可分割的。学校要保持可持续发展,必须克服短期行为,树立长远发展的意识。只考虑招生而忽视就业的做法是片面的。就业率高,稳定率高,招生就有保证,学校的教育质量就会得到提高。因此,只有首先疏通就业这一"出口",才能保证招生的"进口"畅通,吸引更多的生源。这已经成为不争的事实。中职学校在加大招生宣传的同时,要注意转变学生的就业观念,千方百计拓宽就业渠道。其次,要根据社会对就业的需求,调整和设置相关专业,加强实训教学和创业教育,确保毕业生质量,让学生学有所长,学以致用。稳定的就业率将成为中职办学竞争的根本因素。在就业困难的形势下,为了适应终身教育需要,满足中职生学习深造的愿望,学校还要创造条件拓宽中职毕业生参加普通高考、成人高考、高等自学考试的渠道,架起中高职衔接贯通的人才培养立交桥。

三、规模与质量的关系

"坚持把发展作为党执政兴国的第一要务"的要求和党的十七大报告关于"大力发展职业教育"的论述,为我们加快中职教育改革与发展指明了方向。在近年中职教育快速扩张的过程中,规模的增量主要来自开放式、多层次办学。目前,一些中职学校盲目扩大招生人数和办学规模,忽视教学质量的问题比较突出,这不利于人才的培养和学校的发展。因此说,如何处理好规模与质量的关系,做到在保证质量中求发展,实现"扩量"与"保质"的双赢,这是抓好中职教育质量这一中心工作的先导和前提。

教学质量是教育工作亘古不变的永恒主题,是学校在竞争中生存和发展的生命线,追求高质量应该是中职教育的根本目标。质量对学生、对家长和企业来讲都是信誉之本,对学校来讲是效益的载体,今天的质量就是明天的市场。中职学校要通过组织教师学习和讨论,清醒地认识到盲目扩张对教育质量的提高所带来的负面影响,下气力解决好校舍、师资、实训设施和教风、学风、校风等方面存在的各种问题。要制定相应的管理制度,把提高教学质量的工作落到实处,以实践、动手能力的培养为核心深化教学改革,从知识、能力、素质三方面构筑人才培养模式,并将其作为衡量中职教育质量的关键。只有按照"速度和结构质量效益相统一"的要求,全力以赴抓好教育质量,坚持内涵发展为主，充分挖掘利用现有教育资源，才能处理好规模与质量的关系，在办学中实现经济效益和社会效益的有机结合，增强办学的活力与吸引力。

四、继承和改革的关系

中职教育是随着我国经济社会的发展而产生和发展壮大的，曾经有过辉煌的昨天，为社会各行各业培养了一大批有用人才，也积累了丰富的办学经验。近年，由于用人层次提升，就业形势严峻，加上一些中职办学还不适应市场经济的急剧变化等原因，使办学陷入艰难的境地，这是客观实际，但这并不意味着中职教育将要退出教育领域。"我国社会经济结构、产业结构及技术结构的状况决定了就业岗位仍将需要大量的初中级人才，这种状况会持续较长一段时间。"所以，中等职业教育在我国还有大力发展的潜力。不可否认的是，目前我国一些地方的中职教育存在短期行为，已经走进了"盲区"，丢掉了传统的优势和特色，失去了开拓创新的激情和信心。笔者认为，中职学校要大有作为，必须处理好改革与发展、继承与创新的关系。

首先，要立足于发展。发展是中职办学的根本目的所在。中等职业教育肩负着为社会培养技能过硬的高素质劳动者的使命。其重要的战略地位是不容忽视和不可替代的。形势要求我们把发展作为兴校育人的第一要务。当前，中职学校面对的挑战是现实的、艰巨的，但同时也面临难得的发展机遇。我国经济结构和产业结构调整，知识经济社会的到来，经济全球化进程的加快，政府大力支持职业教育发展的政策，都将使我国的中职教育面临前所未有的发展机遇。面对激烈的办学竞争，中职学校必须坚持以市场为导向，以育人为中心，以管理为突破口，以提高办学效益为重点，主动适应当地经济和社会发展需要，抓住一切机遇加快发展。多数中职学校迎难而上，以评估促改革、促发展的成功做法就值得我们学习。我们要坚持和继承中职长期积累下来的成功的办学经验，进一步明确办学方向、人才培养目标，灵活办学模式和教学方法，打造自己的品牌专业。

其次，要深化中职学校的改革。改革是大势所趋，是事业发展的强劲动力。中职学校的改革迫在眉睫。实践证明，中职教育的根本出路在于深化改革，大胆创新，建立适应市场经济和社会发展需要的新观念、新模式、新机制。特别是随着我国对外开放和国民经济持续健康发展，随着知识经济和信息化社会的到来，新职业、新工种、新岗位层出不穷，受"普高热"、就业难、机构调整等的影响，加之招生就业制度改革和传统教育向现代教育的转轨，中职学校的改革已经势在必行。要推进改革，学校领导班子首先必须审时度势，引导教职工解放思想，更新观念，与时俱进，大胆探索，紧跟时代的改革发展潮流。近年来，有的中职"升格"高职，有的"合并"高校，有的"转向"中学。借鉴这些学校改革的经验，笔者认为，首先要从学校的实际情况出发，依靠全体教职工的集体智慧和力量，给学校以准确的定位，以确保中职教育在整个教育体系中的地位及其应有的作用。而要做到此，就必须不断加大专业调整、教学内容、人事管理、分配制度、后勤服务等各个方面改革的力度和深度，落实各项改革措施，不断拓宽办学路子，提高教育教学质量，解决中职学校人才培养与社会用工需求不相适应的矛盾，办出学校的特色。

中职学校要处理好传统与改革的关系，教学不能完全脱离已有的体系，又要不断改革，不断创新，但又不能过于冒进，改革要循序渐进地进行。以改革求发展，积极主动适应经济社会和就业形势的需求，才是中职学校生存和发展的根本所在。只要顺应职业教育改革和发展形势，多种形式、多种渠道办学，中职办学就会有新的生机和活力。一些职业学校成功的办学经验已经说明了这一点。中职学校要适应新形势，必须进行彻底的改革，用发展的办法解决前进中的各种困难和问题。只要办学规模上去了，教学质量提高了，学生掌握了真才实学，学校就不愁没有生源和出路。只有通过坚持不懈的改革，才能确保教学质量的稳步提高，推动学校的健康发展。唯如此，中职学校才能在应对市场经济的挑战中占据主动地位。

中职学校要主动适应市场经济需求，走可持续发展之路，就必须坚持科学发展观，正确处理好教学与管理、招生与就业、规模与质量、继承与改革等一系列相互联系的关系和问题。这样，才能更好地遵循市场经济和职业教育规律办学，使中职教育又好又快发展。

(2005 年第 1 期《职教园地》刊登)

围绕煤炭产业开发　拓宽职业教育路子

职业教育是直接为地方经济建设服务的，为企业和产业发展培养人才是其使命。学习贯彻党的十七大精神，要求我们必须始终围绕经济建设这个中心，走科学发展道路。按照省委、省政府把庆阳建设成为甘肃重要的能源化工基地和全省经济新的增长极的战略地位，庆阳市的职业学校要积极响应市委、市政府建设"陇上煤海"的号召，高度重视煤炭类人才培养工作，积极为我市煤炭资源开发提供坚强的人才保证和智力支持。

把资源优势变为经济优势，要依靠人才。拥有一支煤炭专业人才队伍，是我市煤炭企业在激烈的国际国内竞争中求生存、谋发展的基础，是提升煤炭企业核心竞争力的关键因素。目前，我市已探明的煤炭资源十分丰富，开发前景乐观，但煤矿专业技术人员严重缺乏，从安全工作人员到工程技术人员都处于空缺状态，加之市内大中专院校均未开设煤矿专业，导致此类专业人才非常紧缺，这是我市发展煤炭产业的致命弱点。分析目前省内外煤炭行业人才断层和短缺的窘境，我们认为，重视和加快煤矿专业人才培养成为当务之急。

基于这样的认识，庆阳财校把开设煤炭资源开发类专业，作为支持我市煤炭工业可持续发展的切入点，多次向省、市有关部门汇报专业建设所需要解决的问题，积极创造条件开办新专业。2007年4月，学校组织有关人员赴甘肃煤炭工业学校考察学习后，针对煤炭人才在培养上具有实践教学比重大、试验设备投入大、人才培养成本高的特点，改变原计划自办专业的做法，与省煤炭学校签订了联合办学协议，省招办批准当年举办煤炭矿山机电专业的招生计划。该专业学生在庆阳财校学习1年文化基础课，转入省煤炭学校学习1年专业课，第3年全部安排到省内外的煤炭企业实习，并能稳定就业。经过该校深入我市农村初中宣传，2007年8月实际招收煤炭专业学生44名，招收矿山机电专业学生43名。这批学生就业有保证，学习态度端正，思想稳定。

为了贯彻落实科学发展观，实施工业强市战略，加快庆阳市新农村建设步伐，构建和谐庆阳，庆阳市的职业学校要积极为地方经济建设和社会发展培养适销对路的高素质人才。为应对煤炭资源开发中人才短缺的问题，各个职业学校要以煤炭企业的需求为导向，从以下几个方面拓宽煤炭人才培养的路子。一是实施煤炭行业技能紧缺人才培训工程。根据庆阳市煤炭人才十分紧缺、农民工和文盲人数居多的现状，进一步扩大联合办学范围，完善校企对口招生和"订单式"培养，扩大招生数量。坚持学历教育与短期培训相结合，采取政府资助、企业出资、学校减免学费等措施，引导和鼓励农村贫困家庭的学生进入煤炭专业学习。二是积极争取上级部门的专项资金扶持，改善学校实训条件，在教学模式、课程设置、实习就业等方面进行探索创新，提高教学水平，加强学生的职业道德教育和实践技能训练，为煤炭行业培养懂安全、有技术、会管理的专业人才。三是与煤炭开发企业洽谈，确定用人计划，开展校企合作办学，签订培养协议，按照企业的需求培养合格的人才。总之，我们要发挥职业学校的优势，以煤炭资源综合开发为纽带，积极开展校企合作、校际合作，走出一条优势互补、互惠互利、招生教学就业一条龙服务的职业教育发展路子，为推进庆阳市煤炭资源开发和利用起到积极的促进作用。

（2008年1月3日《陇东报》刊登）

发展职业教育　　奠基幸福人生

党的十八大报告提出："教育是民族振兴和社会进步的基石。"要全面建成小康社会，进一步改善民生、提高人们的幸福指数，离不开职业教育。作为服务地方经济社会发展需求的职业教育，必须紧扣时代发展脉搏，着力培养适应未来社会发展的人才，为学生的成长和未来幸福人生奠基。

作为面向社会、面向就业的职业教育，是直接为社会创造财富群体的教育，在国民经济发展中占有重要的地位。目前，要解决我国城乡区域发展差距、居民收入分配差距、就业形势严峻等关系群众切身利益的问题，要实现教育公平、缓解就业压力、促进社会公平、构建和谐社会，其有效手段是大力发展职业教育，这既是科技进步、经济发展的需要，也是造福人类、促进社会进步的需要。发展职业教育，目的在于提高人们对自身职业潜力与未来教育途径的认识，帮助人们把所学的知识与自身的职业理想联系起来。职业教育作为终身教育体系的重要组成部分和学习化社会的重要载体，应由单纯的就业教育向培养高素质劳动者转变，由培养技能型人才向培养具有综合职业能力的复合型人才转变，由知识型、技能型向创新型、创业型转变。在劳动仍然作为人们谋生手段的今天，加快发展现代职业教育，完善终身教育体系，培养人们的创业能力，促进人全面发展，显得十分重要。

就业是民生之本。职业教育就是就业教育。在就业导向政策的引领下，学生的高质量就业成为衡量职业教育办学质量的关键。我国职业教育先驱黄炎培先生认为职业教育的目的是："使无业者有业，使有业者乐业。"职业教育关注的是人一生的发展，使其获得一种生存的能力。它既要满足人们当下幸福生活的感受，又要培养未来获取幸福生活的能力。如何培养人们获取幸福的能力，教给他们"幸福一生"的本领？关键是要培养其生活能力，也就是培养发现幸福、创造幸福和享用幸福的能力。为此，职业教育的教育教学要紧紧围绕职业素养所涉及的职业意识、职业道德、职业技能和职业行为等方面进行。职业学校必须从企业对人才的要求和学生的高质量就业两个方面来考虑、来研究办学问题。学校要适应社会和市场需求而"变",跟着产业结构调整升级而"走",努力探索"城乡联动""校地联动""校企联动""院校联动"的新型发展模式,把提高教育质量、立德树人作为学校的根本任务。原中国工程院院长、原教育部部长周济同志曾寄语广大教师:"当老师的,要真正把教书育人作为最幸福的事情。"职业教育要体现由技能为本走向生命发展的新理念,要让教师增强职业幸福感,让学生学会体验幸福、感受幸福,提高创造幸福的能力,让他们在创造幸福的过程中追求幸福,提高生活质量和幸福的品质。劳动是创造财富的源泉。习近平总书记强调"人世间的一切幸福都是要靠辛勤的劳动来创造的",这要求职业学生顽强拼搏,不懈奋斗,尽可能地少走弯路,把美好的向往变为现实,享受到自己亲手创造的幸福生活。

目前,与基础教育相比,我国职业教育的地位还有较大的差距,在社会上的认同度并不高,其发展面临多重外部难题和内部困扰,仍处于负重发展阶段。以德国为例,大多数德国人的共识是接受职业教育并不是只为了找一份工作,而是为了一个职业、一个终身的职业,想要的是一个他们热爱的职业。职业教育核心是培养学生的职业能力,提高综合素质。职业学校的教师要充分挖掘职校学生的发展潜力,从他们的真实需要和愿望出发,以职业生涯为导向,为学生规划绚丽多彩的人生。职业教育工作者应树立正确的职业幸福观,多一份爱心,付出更多的热情和智慧,为每一个进入职业院校的学生设计好职业发展规划和人生梦想,提高他们的择业、创业能力,培养其获取幸福生活的本领,从而为其幸福人生奠基,为社会大众谋福利。

面对我国经济转型发展和加快构建现代职业教育体系的新形势、新要求,只有促使职业教育向内涵发展、特色发展和文化发展转变,不断提高教师自身素质,让每一个学生的个性得以充分发展,才能培养全面发展的技术技能人才,从而为他们未来的幸福生活奠定坚实的基础。

(2012年第11期《甘肃职业与成人教育》刊登)

以疫情防控为教材　开展立德树人教育

当我们无奈地面对这场突如其来、肆意蔓延的新冠肺炎时，当我们感慨于一幕幕抗疫战士惊心动魄的感人事迹时，每一个希望摘掉口罩的人，都不得不思考一个现实问题：这次灾难危机除了让人们惊慌、恐惧之外，还会带给我们哪些启示呢？作为忧国忧民、饱怀家国情怀的人民教师，我认为应该以本次疫情防控为生动教材，深入开展以"生命、爱国、责任"为主题的立德树人教育。

第一，要教育学生学会珍爱生命。古人云："殷忧启圣，多难兴邦。"在人类漫长的历史进程中，鼠疫、天花、霍乱、甲型H1N1流感、非典等病毒瘟疫的造访，无不令人恐惧。一次次的生物安全灾难告诫我们：要敬畏大自然、尊重科学、敬畏生命。这次来势凶猛、让人防不胜防的新冠肺炎疫情，给我们的学习、工作、生活和生命安全带来了极大的影响。每天看着不断变化的疫情报告数字，想着与病魔和死亡斗争赛跑的医生护士，我们感同身受，深切感受到生命的弥足珍贵。在威胁人类生命安全的病毒面前，单个人的力量往往显得十分微弱，我们唯一能做的就是保护好自己，进而关爱他人、守护家园。由于疫情导致的连续居家生活给我们带来了很多无聊和困顿的感觉，但是面对生命可能受到病毒感染的巨大危险，暂时居家也是一种保护、一种义务、一种战胜病毒的信念体现。当这场重大公共卫生危机突发后，在党中央的领导下，举国上下携手应对风险挑战，共建美好地球家园，万众一心维护身体健康和生命安全。我国在全力抗击本国疫情的同时，积极向有关国家提供力所能及的帮助，以实际行动诠释构建人类命运共同体的核心要义。经历过这次重大疫情的人们，一定会反思和领悟生命的价值和意义，学会善待他人、守护规则。生命对我们来说只有一次，其真正价值在于追求高品质的生活。学会善待生命，完善人格，健康成长，这是做人做事的基础和关键。陶行知先生的"生活即教育、社会即学校"的教育思想，启发我们要加强学生的"生命、生存、生活"主题教育。所有学生都需要调整好自己的心态，不焦虑、不恐慌，静下心来学习知识、修身养性，思考怎样让自己的人生更有意义。特别是要锻炼好身体，保持健康的体魄；调整理顺情绪，保持良好的学习状态；科学管理自己的时间，提升网络学习效果；规范约束个人的言行，自觉养成健康的卫生习惯、生活方式，在人与自然的和谐相处中，实现生命自觉，成就出彩人生。

第二，要教育学生涵养家国情怀。家国情怀是一种高尚的品质，是为人处事的核心要素和基本要求。面对疫情，党中央高度重视，采取最全面、最严格、最彻底的防控举措，动员全国人民积极投入这场没有硝烟的防控阻击战。封城闭户，全民参战，医生们迎难而上、负重逆行，党员干部舍"小家"为"大家"，誓死保家卫国，一批批援鄂医疗队开赴前线，夜以继日与病魔作殊死的斗争，这正是家国情怀的体现。灾难是检验人性的最好试剂。在抗击疫情的关键时期，全国各地全力驰援湖北、保障民生，形成了全民参与、守望相助、共克时艰的抗疫精神。经过2个多月不屈不挠的全民奋战，我国取得了2020年春季疫情防控的阶段性胜利。这次抗疫成功依靠的力量是什么？是伟大的爱国精神。来之不易的胜利应归功于我们伟大的党，归功于无比优越的社会主义制度。值得庆幸的是，我们毕竟生活在一个医疗防护体系比较发达的国家，虽然疫情严峻、人心恐慌，但坚信瘟疫必将被战胜。在孩子们与父母居家相处的日子里，感受到家的温暖，加深了对仁爱孝悌传统美德的理解。我相信，每一个看到那位手握国旗跪地、不断向离鄂医疗队员作揖感谢的男子时，那感人的场景都会让人泪奔。这是无以言表的感恩的力量，这是发自内心的家国情怀的涌动。疾风知劲草，患难见真情。经历过特殊时期疫情防控考验的人们，都会对国家、对家庭有更为深刻的认识和情感，作为新时代的大学生理应做得更好。

第三，要教育学生强化责任担当。社会责任感是一个人最基本、最重要的素养，是做好工作的必备条件，也是学生成长成才的重要标志。疫情就是命令，防控就是责任，岗位就是战场，担当就是使命。在抗击疫情的战斗中，医务工作者冲锋在前，人民子弟兵闻令而动，青年志愿者昼夜坚守，这背后凝结着广大人民群众的信赖与期待。钟南山、李兰娟、王辰、张继先、李文亮等英雄们用实际行动践行着共产党员的初心和使命。许许多多的平凡人慷慨解囊，捐款捐物，用大爱和善举践行着强烈的责任与担当。中华大地处处上演着感天动地的抗疫故事，崇尚奋斗、敢于牺牲成为疫情防控的主旋律。普通的民众尚且如此,"天之骄子"大学生又何当不为?老师和家长要加强学生的社会责任感教育,把个人的"小我"融入社会的"大我",以大爱之心积极抗击疫情。在这方面,党员干部守土有责、守土尽责,为我们做出了表率。作为新时代的青年学生,不仅要在学习上下功夫,更要在习惯养成、自我管理方面有更高的要求;要把对老师的依赖转化为自我认识的探究,把对父母的依赖转化为体谅和自立,把对自己的放纵转换为自控与自律。让自我变得更加优秀的是强大的内驱力,同学们需要用自我鞭策和奋发进取打卡自己的目标和理想。面对瘟疫恶魔,我们所能做的微乎其微,能够为国家分担些忧虑、弘扬正能量、做好本职工作便是奉献。广大学生要自觉增强大局意识、法治意识和奉献精神,勇于为他人和集体担责,把参加疫情防控和网络自主学习作为考验自己人生成长和责任担当的试金石。春天已经到来,疫情必将过去。让我们牢记习近平总书记"不麻痹、不厌战、不松劲"的总要求,热情参与社会公益活动,毫不松懈抓紧、抓实、抓细各项工作,努力夺取疫情防控阻击战的最终胜利。

(2020年19期《中国教师》刊登)

坚持问题导向教学　提升课堂育人品质

信息化时代成长起来的学生，反感传统的满堂灌教学模式，厌烦老师的单纯说教。如何有效提升课堂育人品质？在教学中坚持以问题为导向，把思政元素润物细无声地渗透到育人工作的全过程，是一条行之有效的途径。

一、重要性和必要性

辩证唯物主义是指导教师科学解决教育教学中各种问题的基本方法。我们认识事物，谋求教育事业发展和学生人生成长，离不开对教育教学活动中矛盾和问题的认识与解决。教师与学生之间、教与学之间，同学之间，学科之间，理论与实践之间，教学与科研之间，乃至学生内心，无不充满着矛盾。这些矛盾和问题是教学路上的绊脚石。只有善于发现矛盾和问题，剖析问题产生的原因，才能扫清教育教学中的障碍，理清育人工作思路，找到解决问题的科学办法，达到教书育人的目的。身处学校的人不难发现，那些不受学生欢迎、教学效果不理想、教学水平不高的教师，大都习惯于"一言堂""满堂灌"，平时对学生的内心世界关心了解不多，上课也不关注学生情绪，不注重教学方法创新，不善于引入问题启发学生，单纯把教学工作做成了自己的独角戏。这样的教学，不能触动学生的情感和心灵世界，达不到师生共鸣与交流认同，教学质量便会大打折扣。要落实立德树人目标任务，提高教学的深度和广度，教给学生主动获取知识的能力和独立生活的本领，教师就要坚持问题意识和问题导向，强化价值引领，熟练运用矛盾论、认识论、实践论的思想、观点及各种思维方法，善于发现问题并解决好教育教学和学生学习、生活、思想、情感等人生道路上的各种问题和矛盾，教育引导学生学习成长。

二、对教师的基本要求

1. 胸怀育人情怀，真心关爱学生

教学是为了育人。教学只是手段，育人才是目的。育人先于教书，师德高于师技。教书育人是教师人生价值的体现。育人的情怀，高尚的师德，甘于淡泊、无私奉献的精神，是一个优秀教师必须具备的基本品质。高尚的师德、师风、师魂促使教师在工作生活的各个方面，都体现时代要求与人格修养的敢于担当、敢于负责的精神。西南大学董小玉教授认为，"教育是由激情、知识、能力、实践、思想、智慧、信念、理想、关爱等汇集而成的事业"。但凡在教育事业上有所建树，为学生所推崇和信赖的老师，无不具有高尚师德，无不严谨治学，无不爱生如子，无不全身心地投入平凡的教学工作并将它当作终生事业而执着追求。因为他们心里装的是广大学生，考虑的是学生的前途和祖国的未来，真正懂得学高为师、身正为范的真谛，能够理解学生成长过程中的艰难和挫折，不会专制地把学生放在自己的对立面而苛刻地要求，更不会把教学当作苦差事而草率应付。这样的教师，心胸和视野是宽广的，常常把公正、关心、理解、爱护、宽容作为座右铭，能够与学生建立平等和谐的关系，用以身作则的态度影响学生，即使遇到有问题的顽劣学生，也不会嫌弃放弃。因为他们肩负立德树人的责任和使命，懂得教育的生命在于教化和育人，在于引导和感动学生。通过与学生的沟通交流，教师要教会学生如何建立自信心，怎么寻找人生的意义，如何把"小我"变成"大我"，把个人融入社会。教师分析处理问题的观点和方法，对待学生、对待工作的严谨态度，强烈的事业心和责任感，无不对学生产生潜移默化的影响；虽然他们口中不说言传身教、为人师表，但却知道如何用自己的知识、热情和关爱去帮助学生克服生活认识上的困难障碍，做到书本知识与现实生活相互融会贯通，指导学生学会做人做事做学问，教育引导学生争做对国家对社会对家庭有用的人。

2. 富有哲理思维，掌握教学艺术

一个人的人生会涉及方方面面的事情，教育工作也是如此。教师对于学生学习、思想、生活、工作、情感上的各种矛盾、选择、困惑、苦恼，都要应予以重视，不可回避。教学是一门高深的艺术，有其规律可循。从笔者个人经验看，学好马列，用好哲学，是化解矛盾、提升育人水平的一把"金钥匙"。特别是哲学中的矛盾运动观、普遍联系观、对立统一观等科学思维方法，对于探索教育教学和学生成长规律具有十分重要的指导作用。正确认识和处理课内与课外、继承与创新、宏观与微观、全面与重点、简单与复杂、严肃与活泼、讲授与提问、师生互动等教学中的一系列矛盾，有助于深入探究教育教学中的各种问题的内在规律，科学解决教育理论与教学实践、远大理想与人生现实、精神追求与内心情感的关系。亲其师，方可信其道。良好的师生关系显得十分重要。和谐融洽的师生关系要靠老师的学识、修养、能力、责任心、工作态度建立起来。一个富有家国情怀、使命担当和仁爱之心的教师，就能够做到心底坦荡、表内如一，对学生一视同仁，不会高高在上、急功近利、投机取巧，更不会阳奉阴违、华而不实、弄虚作假。教师要了解学生最需要什么，精心设计富有"问题"的教案，通过问题启发和引导学生积极参与教学活动，让学生在正确的价值引领下增知识、受教育、长才干。

3. 坚持学习反思，勇于自我革新

不思进取的人是不可能当好一名教师的。学无止境，教无定法。教师的职业属性要求不断学习，更新知识，丰富人生阅历，紧跟时代潮流，才能在育人和学术领域有所建树。从这个角度讲，教师自始至终都是一名学生。教师不是单纯的教书匠，不可能一生只教一门课而止步不前。如果一个教师几十年只局限于大学所学专业知识，而不关注社会发展和学生前途，不学习新知识新理念，眼光不能客观全面地审视学生，他的思想观念就会变得保守，思维便会单一，很难在教学事业上有所进步和成就。成功的教师是用心来教学的，平时除了自己主动学习，还会向老教师学习，向外界借鉴，寻找适合自己的教学方法和科研路子。教学相长，聪明的老师还善于向学生学习。因为年轻的学生充满想象力、创造力，在师生互动交流中可以产生很多教学灵感，能够激发教师的工作潜力和活力。优秀的教师知道"教学永远在路上"的道理，他们坚持学习反思，从不盲从教材，会大胆创新质疑，积累教学经验和智慧，给学生做出示范和榜样，在育人的同时激励自我成长。勤于思考的教师要满脑子都装着问题，比如：如何赢到学生的信任与爱戴，如何找到富有成效的教学方法，如何做一名受学生欢迎的好老师，如何对待差生，如何使教学有激情，如何处理好师生矛盾，如何让课堂活起来，如何解决好教学与科研的关系，等等。诸如此类的问题的提出，都离不开教师的学习反思，更离不开对教学境界的追求。这源于教师对自我的期望和要求，源于教师内心强大的自我革新需求和不断发展进步的内驱力。

三、设定问题的出发点

教学是一项平凡而崇高的事业。学生常常会忘记老师所教过的知识，却不会忘记老师对自己的思想、行为和人格的影响。这就是教师的价值体现，也是教师的崇高之处。教学要达到价值引领、能力培养和知识传授的"三位一体"相统一的目标，就要求教师在教学问题设定时应该有明确方向、有具体目标、有针对性。教学过程中所有问题的提出都要立足于党的教育方针和人才培养目标，要服务于学生终身发展所需要的品质和能力。教学中的问题应紧紧围绕育人目标，重点从家国情怀、人文素养、理想道德、社会责任、价值判断、法律规范、文明礼仪等方面着眼考虑，深入挖掘思政育人元素，将各类问题有意、有效地纳入整体教学设计和课程安排。当然，教师在教学工作中设定问题也不能随心所欲，不仅为了学生掌握新的知识，更应该为了加深学生内心体验，为了觉悟智慧、触及灵魂，这就要求教师所提出的问题一定要有价值、有意义，要经过深思熟虑和反复斟酌。

(2020年第29期《职业》刊登)

庆阳职业技术学院"明理求真、精工致用"校训释义

庆阳职业技术学院的校训为：明理求真、精工致用。

明理，出自《元史·良吏传·王艮》："读书务明理以致用，不苟事言说。"明，即明白、明察、明辨、说明、懂得、通晓。理，即理念、观点、理性、道德、规律、规矩、标准、思想、理想、真理、精神、美德。"明理"誉为掌握真理、阐明事理之意，如明事理、明情理、明哲理、明法理、明道理、明原理等。清·章学诚《文史通义·原道下》："文章之用，或以述事，或以明理。"明理知耻，崇德向上是中华儿女立身做人的基础，文明礼仪是中国的一道风景线。读书为明理，明理为修身，修身为做人。对大学生而言，读书的目的在于明达事理，修炼德性，改变气质，明白做人的道理，使自己见识高超而不低俗。明理，体现全体师生在为人处事上鲜明的是非观念、价值追求和做人准则，能够以国家利益和学院大局为重，通情达理，修炼精神，传承美德；在治学态度上求真务实，言明事理，去伪存真，明辨是非。

求真，即求真务实，探求真理，追求真知，实事求是，讲求实际。"真"者，本性、本原、真人、真事、真知、真理、真为、真才。《闽中理学渊源考》："求真于未始有伪之先，而性之真可见矣；求善于未始有恶之先，而性之善可见矣。""求真"是指追求真理，探求事物客观规律的意思，意指通过对所学知识的系统把握，掌握事物运动变化的一般规律，达到对真理的认识。"求真"既是教育的起点，又是最终归宿，把自然人所固有的或潜在的素质，自内而外引发出来，培养学生核心素养，让受教育者成人成才成功。陶行知先生说，教师是"千教万教，教人求真"，学生是"千学万学，学做真人"。"求真"，就是要求教师必须要真学、真懂、真用、真心、真爱、真教，学生必须求真理、做真人、干真事、学真知、行真事、长真才。求真务

37

实是科学精神的体现，是马克思主义的科学世界观和正确方法论。但凡做学问者必须立志宏大，实事求是，真抓实学。学院要以立德树人为根本任务，教师要有良好的师德师风，教书育人，为人师表，学生要有良好的品德，树立正确的世界观、人生观和价值观。"求真"体现学院积极的人文精神和共同的价值追求，旨在激励师生以高尚的道德立身，崇尚科学，追求真理，以博大胸怀和健全的人格承载天下重任。

精工，即精致工巧，出自《后汉书·蔡伦》："监作秘剑及诸器械，莫不精工坚密，为后世法"。"精工"一词在中国传统文化中源远流长，主要用来形容艺术作品的精雕细琢，精美绝伦。其在汉语中的最早含义，是用来形容工业工艺及产品的精巧和细致，也正是由于中国传统优秀手工业产品的精工细作之中所蕴含的情感和人文艺术气息，该词后来才逐渐转化为形容艺术作品。培养学生的一技之长是高职教育的根本任务，也是高职学子求学的根本目的。精于工、匠于心、品于行，工匠精神一直流淌于中华民族的血脉之中，一部中华文明史凝聚着历朝历代工匠们的智慧和创造。按照学院培养应用型创新人才的目标定位，师生应力求爱岗敬业，开拓创新，技艺精湛，精益求精，追求极致、精致和高品质。弘扬和培育工匠精神，造就精益求精、追求卓越的技术技能人才，体现学院的办学思想和育人方针，注重培养师生的刻苦精神和精益求精的学习与工作态度，掌握扎实的专业知识与精湛的实践技能。

致用，出自《周易》："精义入神，以致用也"。致用即尽其所用、用作付诸实用之意，是学习知识、掌握技能、塑造价值的首要目的。致用是一种重要的治学态度，要求我院师生做到一切从实际出发，理论联系实际，脚踏实地，讲求实效，注重运用，学用结合。鼓励学生手脑并用、工学结合，能够把自己所学到的东西充分理解和掌握，并以严谨的态度毫不保留地运用到工作实践中，为社会创造价值。我院作为地方性高职院校，须把服务区域经济社会发展作为重要使命，积极调整优化专业布局，创新人才培养模式，努力使学院成为人才培养、科学研究、社会服务、文化传承创新的重要基地。

"明理求真、精工致用"的校训，体现庆阳职业技术学院"立德树人、探求真理、精益求精、学以致用"的教育理念，理工科类的办学定位和应用型创新人才的培养目标；要求学生具有高尚的品德、扎实的专业基础、精湛的应用技能；激励和鞭策全院师生振奋精神，锐意进取，积极投身于国家经济建设与社会发展的大潮，乘风破浪，砥砺前行！

抓好学校党建工作
必须始终做到"五个加强不放松"

党建工作是一项系统工程，具有内在的客观规律性。学校党组织是学校工作的政治核心，担负着保证学校教育的办学方向、办好学校、培养人才的重要任务。学校的本职是教书育人，教学是学校的中心工作，因此，学校党建工作就必须紧紧围绕"教育"抓党建。结合职业学校实际，就"围绕教育抓党建的新思路、新方法和新载体"这一理论课题，通过调研，我们更加深刻地认识到：学校的党建工作必须按照"统揽全局、协调各方"的原则，围绕学校的中心工作抓落实，始终做到"五个加强不放松"，充分发挥党建工作在学校工作中的重要作用。

一、加强党的自身建设不放松

要加强党建工作，首先必须端正党的作风，加强组织自身建设，在党的思想作风、工作作风、生活作风和学习作风方面狠下功夫。党的作风是党的性质、纲领、方针、政策的外在表现。党风是形象，是我们想问题、办事情、做决策的基本思想方法和工作方法，因此，学校的党风尤其重要，它会对师生、对社会产生直接影响。党员干部具有什么样的形象，教师党员就具有什么样的形象。可以说，党风就是力量，党员队伍作风正则人心齐，人心齐则事业兴，这就需要党员形成一种凝聚力，党建工作就要在这个着力点上下功夫，不断强化思想建设、组织建设和作风建设。形成一种良好的党风，起到感召人群、激励众志的作用。

从调研的情况看，加强党的自身要抓好三个关系的处理，即党建工作与学校中心工作的关系，党的领导与民主管理的关系，重点突破与全面推进的关系。把学校党组织工作重心放在教育教学这个中心上来，使全体党员服从和服务于这个中心，不然党建工作就成了无源之水。党组织要采取各种途径和形式，把党员思想认识统一到这个中心上来，毫不动摇，决不偏离。要具体做好以下工作：一是加强理论学习，提高干部、党员的理论素养，做到时间、人员、内容、效果四个落实；二是坚持党员"三会一课"制度，创新主题党日活动，不断增强党性修养，发挥先锋模范作用；三是抓好入党积极分子的培养教育，不断端正其入党动机；四是坚持中心组学习制度，提高领导班子整体素质，提高管理水平；五是坚持全体教职工学习制度，增强创新意识和爱岗敬业精神。

二、加强领导班子建设不放松

班子建设是党建工作的核心，班子团结、事业必兴。任何一个单位，领导班子是关键。尤其是书记、校长分设的学校，更要注意党政关系的融洽，思想认识的统一，管理职责的明确，正确处理分工的交叉点，形成合力。首先，班子成员必须用党员的标准统一班子思想，用工作职责来约束自己，书记要起模范带头作用，敢于树正气，大张旗鼓地支持校长职责范围内的工作，统一行政思想，形成班子活力；第二，用思想政治教育统一班子成员思想，不断加强理论学习，端正思想作风，提高决策水平和管理才能；第三，用发展大局观念统一班子思想，充分发挥各个成员的作用，用思想统一行动，用新观念提升治理效能，真正使党组织的作用发挥到建设一支既有政治修养又有管理水平的干部队伍上来。

三、加强职工思想政治教育不放松

广大教职工是办学的主体，是学校的依靠力量。把学校的办学思想、办学理念变为广大教职工的行动，光靠制度管人是不行的，还要充分依靠思想教育来解决深层次的问题。这就需要党组织不遗余力地深入师生，尊重教师的首创精神。首先，要让大家有主人翁责任感、有时代的紧迫感、有办好事业的使命感、有竞争创优的危机感；其次，让教师对学校班子充满希望和信任度，增强学校工作的透明度，党组织就得花大力气做深入扎实的工作，抓住各个层面，把住各个环节，紧扣各个重点，以学校中心工作为纲，认真研究工作方法，做好宣传引导，抓好教师法律法规的学习，开展教师职业道德的讨论，宣讲学校的优良传统和作风，组织先进模范人物的报告会，组织中老年教师座谈会，构建青年教师教育平台，形成认真学习的风气、民主讨论的风气、积极探索的风气、求真务实的风气；同时，充分利用工会、团委、妇委会、党支部、党小组等各基层组织细化活动内容，起到润物细无声的作用，变消极为积极，变被动为主动，变思想为行动，弘扬正气，凝聚力量。

四、加强学生德育工作不放松

学校的一切活动都是为教育学生而开展,学校的一切工作都是为学生而做,学生工作既是学校工作的落脚点,更是学校工作的着眼点。学校党建工作的着力点和突破点,应放在学生的德育工作上,将其纳入党建工作的重要议事日程上来。针对目前社会各种消极因素的影响,党建工作应把主要精力花在以下几个方面:一是放在建设班主任队伍上来;二是放在培养学生干部上来;三是放在开展学生教育活动上来;四是放在校园文化建设上来;五是放在社会、家庭教育上来,形成一个层层抓、校内校外共同参与的教育网络。充分发挥群团组织的作用,创新活动载体,丰富活动形式,深化教育内容,拓展教育空间,净化学生心灵,完善学生人格,为学生建立正确的人生航标,把学校办成学生多彩人生、艺术人生、创业人生、孝悌人生、爱国人生、科研人生、换位人生、成功人生的训练基地。紧紧围绕"三个面向"充分挖掘学生潜能,把学校党组织建设成为一个思想政治教育的大熔炉。

五、加强群团组织的领导不放松

工会是全体教职工之家,共青团是全体学生的思想政治教育学校。"教工之家"建得如何,思想政治教育水平高低,与党组织的作用有着密切的关系。加强群团组织的领导是党组织的重要工作职责,学校工会是联系行政与职工的桥梁和纽带,党建工作就必须根据学校的实际,充分发挥工会的作用。一是要把工会的领导班子建设好,通过这个"家"让教职工放心、稳心、安心;二是把学校的各种规章制度有序地贯彻下去,并转化成全体教职工的工作热情、创业激情,把他们的意见和建议通过教代会转达给学校,上下齐心,不断推动学校发展,促进学校改革,形成一个人人思进取,个个谋发展的和谐局面。党组织具体抓好五件事:一是开好一年一度的教代会,认真评议学校工作,提出意见和建议;二是认真评议领导班子及成员的工作业绩;三是做好离退休人员的慰问工作,尤其关心疑难重病的教职工生活和困难;四是开展好师生文娱活动,采用丰富多彩的形式,凝聚人心;五是结合学校的中心工作开展技能、专业方面的竞赛等,促进学校健康持续稳定发展。

学校共青团组织是党组织的助手,如何发挥好这个助手作用是党组织研究的又一个重要课题,它涉及两个方面的工作:一是青年教师,他们思想活跃,不甘寂寞,需要党的"雨露甘霖",要给他们点燃工作激情之火,让其尽情地燃烧，把他们的主要精力引导到如何教书育人、如何创业发展上来。年轻教师精力旺盛，他们对事业的追求和愿望令人鼓舞，他们对党组织的亲近，令人精神振奋，学校应充分发挥他们在教学中的中流砥柱作用；二是对青年学生尚未形成的世界观、人生观、价值观的引导教育是学校党建工作一项重要课题。党组织加强共青团的领导，让共青团积极健康地开展工作，要至少做好五件事：一是办好业余党（团）校，加强党史教育，加强政治理论辅导；二是建好青年教师学习阵地，办好校刊，提升业务素质；三是健全青联组织机构，发挥其积极作用，丰富青年的精神生活；四是开展重大纪念日活动，增强政治责任感；五是组织参加社会实践活动，丰富社会阅历。

总之，学校党建工作任重道远，需要党组织以求真务实的态度和脚踏实地的工作作风，在具体的实践中不断加以研究，建立科学的工作机制，以全面加强党的建设为根本，以服务教育发展为第一要务，不断增强党的创造力、凝聚力和战斗力，为学校的改革发展提供强大的思想保证和组织保证，不断开创学校党建和教育教学工作的新局面。

关于高等职业教育几个关键问题的思考

近年来，国家高度重视并大力发展职业教育，喜人的办学成绩和高质量发展的愿景，要求我们深入思考和解决一些事关高等职业教育高质量发展的热点关键问题，以便进一步理清发展思路，掌握职业教育办学规律。

一、关于办学定位

办学定位问题通常是人们针对高等教育说的，指办学类型、学校类型，比如，研究型高等学校、应用型高等学校、职业高等学校，也有综合、师范、理工、医科、农业、财经、政法等行业类型。《职业教育法》规定"职业学校教育分为初等、中等、高等职业学校教育"。就职业教育数量规模而言，目前主要以中等职业教育、高等职业教育为主。职业教育作为一种类型教育，除学历教育外，还包括各类职业培训。职业高等学校的办学定位应该是：坚持面向市场、服务发展、促进就业的办学方向，主要培养国家及区域经济社会发展所需要的应用型高级技术技能型人才。与普通高等教育相比，职业高等教育，更强调职业的针对性和技术技能培养，其办学方向应以促进就业为导向。办好职业教育的前提，首先要明确办学定位，包括办学层次定位、办学规模定位、专业发展定位、科学研究定位、服务面向定位等。只有明确了这些，才能科学确定人才培养规格，合理设置专业，构建适合人才成长规律的培养模式，提高人才培养质量。否则，所培养的人才便不能满足就业市场的需求。因此，对一所职业学校来说，办学定位问题是事关学校长远发展的重大问题。高等职业教育本身就有一个科学定位的问题，首先要明确培养什么样的人才、怎样培养人才，要找准学校在本地的定位，特别是在经济社会发展中的作用。只有培养适应经济社会发展、产业转型升级相适应的高素质技术技能人才，确定学校战略发展目标，构建校企合作、产教融合、双元育人、多方共赢的培养机制，探索有利于学生综合素质和技能提升的人才培养方案，才能更好地服务于学生的终身发展和区域经济社会发展。

二、关于培养目标

培养目标主要是使求学者获得某一特定职业或职业群所需的实际能力（包括技能和知识等），提供通向某一职业的途径。设定人才培养目标是高职院校教育教学工作的出发点和落脚点，是落实人才培养这一核心任务的基础工作，是编制人才培养方案和课程体系的重要依据。关于职业院校的培养目标的表述一直在变化，从技术型人才，到实用型人才、应用型人才，再到高技能人才、高素质技术技能人才。高职院校培养的人才规格是实用型、应用性的高级技术技能人才，与普通高等教育培养的学术研究型人才和技工学校培养的技能人才是有区别的，人才层次应该是高级专门人才，比中职培养的素质和技能要高，当然也有别于短期职业培训的某一方面专长人才。职业教育的职业性特点，要求人才培养目标要瞄准职业。党和国家对职业教育的培养目标有着明确的要求，在《国务院关于加快发展现代职业教育的决定》中明确提出，培养数以亿计的高素质劳动者和技术技能人才。高职院校的培养目标应定位于培养高素质劳动者和高级技术技能人才，应致力于让学生在今后的职业岗位上出彩，为每个学生的职业发展奠基。高职院校人才培养工作有其总目标和不同专业的分目标。就总目标来说，一般表述为：按照德育为先、能力为重、全面发展的要求，培养适应区域经济社会发展需要，专业基础扎实、实践能力较强、人文与科学素养较高，具有创新精神和责任意识的高素质高级技术技能人才。简而言之，以服务发展为宗旨，以促进就业为导向，培养生产、建设、管理、服务第一线需要的应用型高级技术技能人才为目标。我们知道，技能和技术是有区别的。技术是解决问题的方法及方法原理，是指人们利用现有事物形成新事物，或是改变现有事物功能、性能的方法；技能指掌握并能运用专门技术的能力，通常称技艺、技巧。通俗地讲，技术是方法，技能是能力。技术是身体认知，是一种知识，是人后天学习获得的；技能是人们在熟练掌握了技术（某种认知或知识）后，在实践练习或比赛中能加以运用。著名职教专家姜大源《关于职业教育的几点哲学反思》认为，技术与技能二者没有层次高低之分，是随动、伴生关系。高职教育除了培养学生满足眼下岗位所需求的履职履岗能力外，还要培养学生适应未来社会发展的技术应用能力和创新变革能力，提升学生举一反三的技术素养。随着党的教育方针的日益完善，近年来高职学校将立德树人作为根本任务和培养目标，思政教育、德育目标、课程思政育人元素的挖掘也成为加强职业学校思想道德教育和人文素质培养的必然要求，贯穿于教学设计和教学全过程。

三、关于专业建设

与以学科建设为重点的高等本科教育不同，职业学校注重的是专业建设或专业群建设，专业建设是高职院校建设的重要内容。专业是高职院校的龙头，专业建设水平决定高职院校发展的程度和办学水平，体现着办学实力，彰显办学特色。衡量专业建设的标准是多方面的，主要包括人才培养方案设计、师资队伍建设、课程体系构建、实训基地建设、校企合作及产教融合状况、教学科研与改革、服务社会能力等。专业建设应与经济社会发展相适应，与当地产业发展需求相匹配。教育部印发《职业教育专业目录（2021年）》，一体化设计中等职业教育、高等职业教育专科、高等职业教育本科不同层次专业，要求各省级教育行政部门要依照《专业目录》和办法，结合区域经济社会高质量发展需求合理设置专业。高职院校的属性决定了专业设置具有市场性特点，应按照自身办学定位和办学特色合理设置专业，学校主管部门要做好专业布局结构宏观调整，避免同一区域（领域）大量重复设置"过热"或类同的专业。为了争抢生源，很多高职院校的专业建设工作存在随意性，在进行专业设置与调整时，忽视了对高职院校实际情况、人才市场调研分析，导致专业建设及所培养的人才无法满足地域产业与经济发展的实际需求。加之缺乏完善的校企合作机制，人才培养模式不完善，导致人才培养质量不高。作为地方高职院校，专业定位一定要准确、科学合理，与地方主导产业吻合；骨干专业要在学院和省内专业规划中处于重点支持地位；以培养"高精尖缺"技术技能人才为专业人才培养目标，实现高职的培养目标。学校应制定专业发展规划，加强专业群建设，做到品牌专业与区域重点产业的关系相协调。专业特色鲜明，专业发展对接行业优势明显，对区域支柱产业和社会发展急需人才的培养贡献度大，能满足区域经济转型、产业升级需求。

四、关于办学特色

一所高职院校的办学特色是否明显，是衡量办学水平的标尺。特色就是质量，特色就是生命。如何凸现办学特色，职业院校都在探讨这个问题，但常常盲目效仿、步人后尘，收效甚微。决定高职学校办学特色的因素有哪些？特色是由高职教育的本质属性决定的。具有职业性、跨界性、社会性、地方性、行业性、技术技能性、市场导向性特点。回归"职业"本源，把握职业教育的类型定位，应从培养目标、课程内容、教学方式的维度打造专业特色。特色体现在办学的各个方面，如专业和课程设置、教育理念、教学模式、学校管理、师资队伍、人才培养规格和质量等多个方面。检视目前职业院校的办学特色，存在着办学特色宽泛化，办学模式趋同化，培养模式传统化，管理体制行政化，教学改革形式化等倾向，独特性、优越性、稳定性等办学个性特点不够明显。特别是高职与中职学校专业布局、课程设置、教学内涵建设、就业岗位等方面含混不清，缺乏区域性、行业性、实用性、独特性特点。办学特色的形成绝非易事，是一个长期积累和沉淀的过程，需要一代代职教人长期建设，坚持凝练和提升。

五、关于师资培养

教师是学校的第一资源，是学校发展的依靠力量和核心竞争力的体现，也是影响教学质量的关键因素。一支数量充足、素质优良、技能精湛的师资队伍对于职业院校来说具有举足轻重的不可替代作用，是支撑新时代职业教育改革发展的关键力量。职业性作为职业教育最为基本的类型特征，要求教师实现职业化转向，懂得按职业教育教学规律、人才培养规律特点进行教学。师资的职业化程度相当程度上决定了职业教育的职业化程度。目前，很多高职教师并没有真实的企业实践经历，致使人才培养规格与企业要求脱节。对职业学校来说，"双师型"教师队伍建设显得尤为重要。《深化新时代职业教育"双师型"教师队伍建设改革实施方案》对深化"双师型"导向的教师队伍建设和考核评价改革提出了具体要求。适应职业教育高质量发展和内涵建设的需要，近年来教育部提出"三教"改革任务，职业学校教师经过提质培优激发了专业发展的内生动力。但仍存在职业学校教师的社会地位不高、专业化发展支持不够、培训体系不健全、入企锻炼机会少、职称晋升缓慢、工作成就感较低等突出问题。特别是随着近年来职业教育大发展的形势，师生比例失调、专任教师紧缺、专业结构不合理等问题成为制约高职院校发展的关键问题。要改变一味追求高学历、高职称的导向，大胆引进一线有实践经验的技术能手担任专业课教师。如何培养、引进、外聘高层次高技能人才，建设长期稳定的"双师型"教师队伍，成为摆在学校领导面前的现实问题和战略任务，亟待采取有效措施彻底解决。

六、关于培养模式

与普通教育的培养模式不同，职业教育的培养模式要复杂得多，具有职业化、多样性的特点。普通教育只有学校这一个学习地点，职业教育除了学校之外，还离不开企业这个不可替代的学习地点。落实职业教育的教学与生产实践相结合的教育规律及其途径和手段，不能没有企业的参与。工学结合、校企合作、产教融合、书证结合的职业特征是职业教育培养模式的集中体现。高等职业教育的教学方式要体现职业元素，实现教学过程与生产过程有效对接。实践证明，哪个职业学校做到了这一点，所培养的人才就适销对路，反之则不受企业和用工市场欢迎。订单式培养、理实一体化教学、工学交替教学、定向就业、冠名班、双元育人、现代学徒制、1+X证书制度试点、产业学院等近年来深受职教界欢迎。但是，很多学校的校企合作仍然停留在浅层次的招工合作上，校企深度合作、共同育人工作难以深入持久开展。原因何在？受利益驱动，校企双方很难真正做到互利共赢，占较大教学比重的企业实习、实践、实训等工作因受经费、师资限制难以落实。2019年1月出台的《国家职业教育改革实施方案》提出"促进产教融合校企双元育人"战略任务，要求坚持知行合一、工学结合，推动校企全面加强深度合作，打造一批高水平实训基地，多措并举打造"双师型"教师队伍。校企双方要通过共建队伍、共建基地、共建方案、共建课程、共建课堂来助推人才培养模式一体化的有效实现，构建"边工作边学习，为工作而学习"的培养模式。在这方面，杭州职业技术学院实施的"重构课堂、联通岗位、校企联动、双师共育"的人才培养模式值得职业院校学习借鉴。

七、关于实习实训

实习实训是职业院校教育教学的重要组成部分，是培养高素质技术技能人才的重要环节。职业学校的办学定位和培养目标决定了实习实训在整个教学中所占的比重和地位。教育部文件明确规定，高职的实践性教学课时原则上占总课时的一半以上，顶岗实习时间一般为6个月。按照此规定，绝大多数高职院校在修订人才培养方案时都突出了这一条，但在真正落实时却因这样那样的困难打了折扣。近年来，有的职业学校为了缓解师资、校舍紧张问题，违规收取企业实习管理费用，有意延长企业顶岗实习时间，以弥补实践教学不足。企业受利益驱动，学校主体责任不到位，实习指导跟不上，缺乏校企合作长效机制，一些学校和个人以实习为名组织学生到企业生产"流水线"务工、安排加班和夜班、强制实习、收费实习、实习专业不对口等问题时有发生，已经引起了国家有关部门的高度重视。为了强化德技并修要求，推动回归实习的育人本质，2022年1月，教育部、工业和信息化部、财政部、人力资源社会保障部、应急管理部、国务院国资委、市场监管总局、中国银保监会联合印发了新修订的《职业学校学生实习管理规定》，通过1个"严禁"、27个"不得"为实习划出红线、明确行为准则。作为职业院校的校长，应该在校企合作协同培养人才上狠下功夫，充分利用校内或园区的生产性实训基地、厂中校、校中厂、虚拟仿真实训基地及企业实习就业基地，发挥实习实训在高职人才培养方面的作用。

八、关于教学改革

教学工作是所有学校的中心工作，是人才培养的核心环节。教学改革是高职院校最重要的改革，是推动高职教育创新发展和高质量发展的不竭动力，也是推动高职教育内涵建设的切入点。以深化"教师、教材、教法"改革为抓手，促进高职教育工学结合、提质培优、增值赋能，服务经济社会发展，是新时代职业教育改革发展的必由之路。目前，职业学校的教学改革正如火如荼地进行。我们首先要弄清楚：为什么要进行教改？怎么样进行改革？究竟哪些地方需要改革？如果不厘清这些基本问题，教改就有可能偏向盲目的一隅。职业教育的培养目标和教学模式影响和决定着教学改革的方向，要求教改不能偏离工学结合的人才培养模式。改革不是目的，绝不能把教改当作一种盲目的流行风，而应该着重改革与现代产业发展和"互联网+"时代要求不相适应的教学内容、模式和手段，使课堂教学生态得到优化。比如，线上线下相结合的混合式教学模式，项目化教学、案例教学、突出学生主体地位的翻转课堂、课程思政建设等。那些经受住实践检验为历史所积淀下来的传统教改经验应该得到继承和发扬。高职的教学改革是一个系统工程，教学内容和课程体系的改革与教学手段、教学方法的改革相辅相成，互相促进，其目的和方向是要突出工学结合的特点，为实现人才培养目标服务。职业教育的课程内容要关照职业。其中课堂教学改革是重点，重点要改革课堂教学中不适合职业岗位需求和技术技能人才培养的方面，进一步规范教学各环节，突出学生能力训练和职业技能培养，引导育训结合、德技并修。目前，高职课堂的职业性转型任重而道远，普通教育的痕迹依然明显。没有课堂的职业性就不可能有真正的职业性，课堂的职业性体现在学习场所、学习方式、学习过程、学习成果、学习评价等教与学的各个方面。近年来，一些院校探索的"岗课赛证、书证融通、理实一体"的教改经验值得学习借鉴推广。

九、关于招生就业

招生难、就业难问题是职业院校普遍会遇到的难题。学校领导除了集中精力抓好正常教学这一中心工作外，还要拿出相当多的时间抓好招生和就业工作。如果招生工作做不好，学校没有学生，形不成规模，就影响学费收入。如果就业工作抓不好，学生找不到工作，便会影响学校办学声誉和招生，甚至影响学院长远发展。因此有"只有出口畅、才能进口旺"之说。我们欣喜地看到，近年来随着国家大力发展职教一系列利好政策措施的实施，特别是职普比的政策调控，职业院校的招生形势普遍得到好转，高职毕业生初次就业率已经高于本科院校。但是，一些学校仍存在的招生生源质量不高、恶性竞争、有偿招生、技能测试走过场、教学管理不严格、就业观念滞后、诚信意识不强、吃苦精神差、虚假就业、就业稳定率不高、就业指导不到位等问题，需要引起相关学校的重视和反思。对于高职学校来说，招生、培养、就业的一条龙服务工作任何时候、任何环节都不能放松。

十、关于科研创新

科研工作是高等学校不可缺少的一项重要职能。高职院校作为高等教育的重要组成部分，以服务为宗旨的办学定位决定了要为社会提供人才服务、技术服务和科研服务。应用型技术技能人才培养规格、教学内涵建设和高质量发展的目标要求等一系列亟待研究解决的现实问题和技术创新难题，为高职教师从事科研创新工作提出了课题任务和便利条件。特别是飞速发展的高科技和信息技术，云计算、物联网、大数据、人工智能时代下产业转型升级，为专业优化组合和创新创业实践提供了机遇与挑战。但目前高职的科研创新工作大多还处于一个薄弱阶段，存在很多工作短板，如项目经费短缺、科研水平不高、硬件投入缺乏保障、教研联动不足、企业参与意愿不强、高质量研究成果不多、技术转化率偏低、科研团队水平不高、激励力度不够等问题。但不能说科研工作在高职院校就不重要，处于可有可无境地。高职院校的科研与本科学校应有所不同，要服务高职的教学工作，重视对教学内容、方法和技术的探索研究，做到教学科研协同育人、一体化发展。"双高计划"十分重视高职院校科研平台建设，提出"打造技术技能人才培养高地和技术技能创新服务平台"的总体目标，将其列为十大建设任务之一。高职院校要坚持"以研促教、突出应用、因地制宜、量力而行"的原则，突出应用导向，聚合人才资源，打造创新团队，创新管理机制，着力提升成果转化效率和服务发展水平。

十一、关于评价体系

职业教育评价是与职业教育目的和人才培养目标高度相关的活动，实质是对办学方向和目标达成度的一种判断、检验和测量。关于高职教育评价体系的研究一直是一个薄弱方面，没有引起足够的重视。2015年教育部出台教学诊改系列文件后，高职院校的教学质量监控与评价工作逐渐得到学校重视，教学诊断与改进工作被提上议事日程，质量评价体系建设成为近年来职教界关注的焦点。新时代职业学校提升人才培养质量，既需要督导、评估所聚成的自上而下的压力，也需要社会监督、第三方评估所形成的自外而内的推力，更需要通过内涵建设、精细化管理、诊改所凝成的由内而外的动力。目前，对高职院校的评价受传统的教育模式影响，存在评价学生"唯分数"、评价学校"唯升学"、评价人才"唯文凭"、评价教师"唯论文"、评价学科"唯帽子"的问题，"五唯"评价倾向严重违背了职业教育规律。2020年，中共中央、国务院印发了《深化新时代教育评价改革总体方案》，这为职业教育评价改革提供了指导意见。《国家职业教育改革实施方案》《职业教育提质培优行动计划（2020—2023年）》也对职业教育评价改革提出了新要求。新时代职业教育评价改革应立足类型特色，明确内容要求，着力完善政府履职评价、学校评价、教师评价、学生评价和用人评价机制。政府履职评价要注重科学有效，学校评价要彰显类型特征，教师评价要明确双师特质，学生评价要突出德技并修，用人评价要坚持人尽其才。各高职院校在具体实施过程中要结合学校自身实际情况，理清思路、大胆探索、重点突破、稳步推进、逐步完善。

十二、关于保障条件

人们常说，职业教育是"烧钱"的教育。没有经费保障，所有的工作都会举步维艰。《中华人民共和国职业教育法》为明确职业教育的定位，规定职业教育和普通教育是不同教育类型，具有同等重要地位。《职业教育法》的第二十六至第三十八条对职业教育的保障条件，对发展资金、生均经费、教育费附加、学费、培训费、金融信贷、捐资助学、教师补充、教材建设、服务体系等都有明确的规定。近年来我国的职业教育得到长足发展，在经济社会发展中发挥着越来越重要的生力军作用。但是，对一些偏远经济落后地区的高职院校来说，目前仍然存在生均经费落实难、专项经费空缺、师资编制紧缺、实训条件滞后、校舍面积不足等实际困难和问题。相关问题应该得到办学主管部门领导的高度重视，积极协调逐步完善职业教育运行保障机制，更好地服务地方经济社会发展，造福广大人民群众。

职业院校教学校长领导能力的提升策略

职业院校教学校长在学校发展中起着举足轻重的作用。其领导能力不是与生俱来的，而是在长期繁重的教学管理过程中自觉修炼、探索创新、不断积累的结果。本人结合自己分管教学工作的实践和感悟，归纳总结如何有效提升教学校长领导能力的一些体会，供同仁参考。

一、勤学习，提升教育理念

教学校长的工作是复杂而具体的，要想胜任工作，引领学校的发展，就必须勤学善思、自我修炼，具备先进的教育理念和高超的领导艺术，并善于把自己的教育理念、教育情怀转化为学校发展的动能。这就要求其在平时工作中务必做到：一要坚持学习职业教育理论政策和文件，紧跟新时代职业教育发展趋势和要求，准确把握教育教学规律和内涵发展的精神实质，着眼地方产业、国际视野办职教。二要重视自身培训和业务提升，虚心学习吸取前沿知识，谋划好学校愿景目标和发展规划，明确办学定位，理清办学思路，始终确保教学中心地位不动摇。三要加强教风、学风和校风建设，把学习、阅读和交流渗透到师生的学习生活中，用先进文化理念和校训精神潜移默化地滋养师生心灵，召唤激励学生健康成长。

二、强管理，注重顶层设计

新时代的职业教育既充满难得的发展机遇，又面临各种困难和挑战。作为主管教学的校长，必须高瞻远瞩，胸怀全局，对教育教学工作做到胸有成竹、驾驭自如，统筹抓好顶层设计和工作计划的落实。第一，要抓好制度建设，修订完善科学的教学管理制度，对日常教学工作进行全方位的规范。第二，要抓好教学常规管理和制度落实，科学地计划、组织、协调和控制教学工作，确保教育教学有章可循、高效运行。第三，要实施分层管理，分级明确职责，落实管理措施，加强督促检查。注重发挥教务处、督导室、质量办、系（部）班子、教研室、备课组的职能，提高中层干部和班主任的执行力。第四，要加强思政工作和学生自我教育、自我管理，推进团学工作一体化建设，发挥第二课堂的育人功能，着力构建大思政格局，引导全体教师潜心立德树人，实现学校发展目标。

三、抓培养，打造教学团队

校长不是万能的。学校的发展要依靠广大教师，教师才是学校的核心竞争力和可持续发展的主要因素。作为主管教学的校长，要始终把教师放在心上，为教师的发展提供保障、做好服务。其一，校长在进行自我革新、强化内功的同时，更要重视全体教师的学习培训和素质提高，积极为他们搭建专业发展平台，引导广大教师转变教育观念，爱上自己的职业，人人成为教学的行家能手，同心同力创造优秀的教育绩效。其二，要重视为教师队伍输入新鲜血液，采取有效措施帮助青年教师解决职业认同、师德欠缺、技能不足等问题，倾注人文关怀，点燃职业热情，引导青年教师发掘职业成就感，促进自主发展。其三，要选培好专业带头人和骨干教师，组建教学创新团队，制定高标准、严要求的教学规范和课程标准，引导全体教师在主动学习、内化反省的过程中实现自我超越，彰显专业品牌和办学特色。其四，协调出台相关激励制度和措施，培养"双师型"素质教师，推行教师相互听课制度，开展教师技能大赛、辅导员职业能力大赛等活动，用身边的事教育身边人，激发教师的归属感和职业幸福感。

四、重研究，深化教学改革

教学校长应该是研究型、学者型、专家型的教育家，其综合素质和人格魅力是学校事业发展的强大动力。只有胸怀职教情怀，重视研究教育教学工作的校长，才能促进自我成长，形成教育自觉并带领教师做出骄人的业绩。结合自己平时的做法和经验，我认为至少要做好以下几点：一要坚持定期召开教学工作会议，让教学管理干部静下心来，围绕阶段性教学重点工作，认真研究解决教学业务工作中的实际问题。二要成立学术委员会、学科专家组、专业指导委员会，充分发挥专家治校、专家治学的作用，促进创新人才培养模式，完善人才培养方案。三要研究出台有效的科研管理办法和激励机制，实施科学合理的分配制度，切实调动广大教师的积极性和创造力。四要适应"互联网＋"时代职业教育发展趋势，加强教学科研一体化建设，改进和创新课堂教学方法，强化学生职业素养和创新创业教育，实现培养创新人才和学生全面发展的目的。

五、提质量，构建评价体系

质量是教育的生命线，是人民群众对教育的关注点，是新时代教育的中心工作。随着我国职业教育由外部条件保障向教育本质内涵转变，关注教育质量、聚焦学生的成长已经成为人们的共识。如何看待质量、提升质量？首先，要坚持立德树人的根本任务，践行以教学为中心、以学生为根本的教育理念，聚焦课堂，向课堂要质量。职业学校既要促进优秀拔尖学生脱颖而出，更要关注绝大多数普通学生的健康成长，促进整个学生群体的全面发展。这就需要牢固确立人才培养在学校工作中的中心地位，牢固树立全面发展观念、人人成才观念、多样化人才观念。其次，教学校长在解决影响教学质量发展的关键问题上要有自己的见解和思路。既要遵循教育规律，也要勇于探索实践，抓好影响教学质量的"三大支柱"建设（科学的质量保证体系、智能化的信息管理系统、现代化的质量文化）。第三，要抓好教学诊断与改进工作和经常性的教学督导指导。依据事业发展目标，制订并落实教学管理标准、专业标准、学生成长标准、课程标准，以标准执行诊改、发现问题，以问题改进保证质量。要切实抓好课堂教学管理，坚持听评课、巡教和学生评教活动，营造全员关注课堂、研究课堂的氛围。第四，要适应职业教育发展趋势，切实加强校企、校地、校校之间合作，学习借鉴各方面好的办学经验，加强实践教学和实习就业工作，注重师生的技能培养，增强教育创新发展动力和学校的社会贡献力。

六、常反思，解决实际问题

教学工作是一项烦琐复杂而又艰辛的工作，有其特殊的理论、方法和规律。教学校长应该做教育改革的探索者和立德树人重任的担当者，务必具有一种为学生负责、为教育事业发展而不断追求成长的渴望和志向，理应把为师生着想、协调解决问题、奉献服务师生作为自己的追求。要着力抓好以下几方面工作：第一，要坚持深入教学管理一线，了解教情和学情，倾听是师生的呼声，认真查找梳理问题，及时协调解决具体困难和问题，营造和谐的育人氛围。第二，要始终保持与时俱进、创新发展的精神状态，认真思考"办一所怎样的学校，培养什么样的人，如何满足学生成才就业及发展需要"等问题，勤于总结教育教学工作的得失，及时改进完善教学工作思路，探寻能"落地"的措施和办法。第三，要常学常思，完善自我，坚持把学习、思考、写作与工作有机结合起来，在学习中思考，在工作中践行，不断反思工作，认真查找问题，及时总结得失，用自己的教育思想理念、实干精神和坚强有力的领导力引领教学事业变革，创新教育发展。

(2018年36期《现代职业教育》刊登)

坚守初心使命　潜心立德树人

教师要落实立德树人的根本任务，就要坚守教师的初心和使命，坚定理想信念，强化理论武装，彰显责任担当，在潜心立德树人中教育和引导学生成长成才。

一、强化学习，用理论武装坚定初心使命

理论武装既是每一个党员干部政治成熟的标志，也是广大教师做好教学工作的基础和前提。小到一个人、一个单位，大到一个政党、一个国家，都应该把政治思维、理性思考、理论修养摆到重要位置，并一以贯之地坚持下去。只有强化理论武装，才能解决教育教学中遇到的各种困难和问题，尽可能地少走弯路。抓理论学习没有捷径可走，首要的是深入学习马克思主义，汲取习近平新时代中国特色社会主义思想的精髓，用它为中国共产党人坚守初心和使命提供理论滋养，并使之成为武装头脑、指导行动的强大思想武器。理论学习对于教育工作者而言，应该是一种自觉自愿的内在需求和精神追求，要成为一种生活态度、行为习惯和工作责任。学风不正，事关个人发展与进步，关乎党性修养和信念操守，关乎事业成败。用学习装扮门面，被动应付的假学习，形式主义的伪学习，不仅会误人误事，而且会给事业带来不良影响，给工作造成重大损失。不重视理论武装的人，心浮气躁，做事常常会出现偏差，人生也会迷失方向。学习理论千万不可浅尝辄止、半途而废，而是要有一种锲而不舍的钻研精神，力求真正掌握马克思主义的立场、观点、方法，善于用它分析解决现实生活中的具体问题，做到知、信、行的统一。广大教育工作者，要秉持教育理想和初心，就要高度重视理论学习和问题研究，始终保持理论上的自觉与透彻，做到教学、学习、思考有机结合，在三尺讲台上用真理的力量引领和感召学生不断砥砺奋进。目前特别要学深学透习近平新时代中国特色社会主义思想的理论内涵、精神实质和实践要求，做到内化于心、外化于行，用其指导教育教学

实践，不断提升育人能力，努力为学生成长进步尽责任、为人民群众美好生活谋福祉！

二、坚定信仰，用理想信念支撑初心使命

什么是初心？什么是使命？初心，是指人们做一件事情的初衷、本意和根本目的。使命，是指人们所接受的任务、肩负的责任，应尽的重大责任。初心就是信仰和信念，是一个人、一个组织的根本价值追求。初心是使命的本原，使命是初心的拓展和升华。理想信念是人生和事业的指路明灯，也是成家立业的基石。中国共产党自诞生之日起，就把为民族求解放、为人民谋幸福作为自己的初心和使命。正因为此，我们党才赢得了民心，凝聚起无坚不摧的力量，从一个胜利走向又一个新的胜利。只有坚定理想信念，始终牢记初心使命，人生的奋斗才有更高的目标追求，干事创业才会拥有不竭的精神动力。理想信念不是凭空产生的，它来源于人们对真理的执着追求，是思想深处的一种理性选择，要靠深厚的理论信仰来支撑。在物欲横流的今天，形形色色的网络信息和文化思潮相互激荡、交融共生，青年学生难免出现一些迷茫和困惑，立德树人工作面临许多棘手难题。对教书育人的教师而言，首当其冲是要固守精神家园，克服职业倦怠情绪，始终秉持为国育才、服务学生、造福社会的初心与信念，自觉培育和践行社会主义核心价值观，用它照亮学生的内心世界和人生之路，教育和引导学生一步一个脚印地走向中国特色社会主义的康庄大道。

三、强化担当，用立德树人升华初心使命

何谓"立德"？即树立道德，树立德业。何谓"树人"？即培养人才，依靠道德的力量塑造人、发展人。立德是树人的前提和基础，树人是立德的目的和归宿。教育作为一项塑造灵魂的伟大工程，其意义和影响是深远而长久的。有什么样的教师，就会有什么样的教育；有什么样的教育，也就会有什么样的学生和未来。立德树人的核心和关键是培养学生形成正确的世界观、人生观和价值观，学会做人，学会做事，为国为民造福。教育的初心和本质在于引导、激发和鼓励学生内心世界，使之敢担责、讲奉献，争做对社会、对国家有用的人才。教师不仅要传授学生科学文化知识，还要自觉加强人格修养，不断完善自我，用师德、爱心和智慧点燃学生的心灵之光，培养学生的家国情怀和担当精神。这正是立德树人工作的价值和意义所在。

四、爱岗奉献，用服务学生践行初心使命

教育事业使命崇高，责任重大。肩负着"传承过去、造就现在、开创未来"的重大责任与使命的教师，胸怀的是天下百姓。安心三尺讲台，讲好每一堂课，为学生谋发展、谋幸福，这是广大教师的理想和心愿。一个人选择了人民教师这个职业，就意味着选择了高尚与坚守，选择了敬业与奉献。心怀仁爱之心，淡泊名利、不求回报，这是教师高尚品质的真实写照。教师对学生奉献的本质就是一种极为质朴而真诚的关爱与帮助，这应该是一种发自内心地对教书育人工作的全身心投入，它不会纠缠于个人得失和功名利禄而失去本心。教师的职业特点要求其必须具有强烈的责任感和使命感，具备人格和学识的双重魅力，将毕生精力投入到本职工作中去，全心全意为学生服务。只有牢记立德树人的初心，胸怀祖国，追求真理，燃烧自己、照亮学生，才能在教书育人的道路上成就一番事业，造福一方学生。

第二部分
教学研究

学校课程思政一体化建设策略

加强学校课程思政一体化建设，构建"三全育人"大思政格局，是贯彻党的新时代教育方针，落实立德树人根本任务，培养担当民族复兴大任的社会主义建设者和接班人的重大战略任务和时代课题。学校课程思政怎样做到有效衔接，实现协同育人、高质量发展呢？

一、聚焦立德树人，落实课程思政一体化育人目标

立德树人是教育的根本任务和历史使命，是学校的立身之本，也是衡量学校办学水平的关键。推进课程思政一体化建设，首要的是实现教育理念和育人功能的一体化。一是要高度重视学校思想政治工作，加强党对课程思政工作的领导。突出党委总揽全局、协调各方落实课程思政工作的领导核心作用，全面统筹规划学校思政工作，推进教书与育人工作协调发展。二是教育行政部门要加强统筹协调和宏观指导，围绕立德树人中心工作，确定课程思政建设的总标目标与各学段的具体目标，力求根据学生身心发展特点和地方与学校实际，设定好人才培养目标，并保持各学段课程的有序衔接。三是要坚持社会主义办学方向，以党建为引领，突出政治引领和价值引领，聚焦立德树人精准发力，围绕课程思政大胆探索，用扎实有效的举措落实立德树人职责，为一体化力量整体推进课程思政建设提供组织保障。四是要营造"三全育人"的良好氛围，切实抓好学风、教风、校风和校园文化建设。建立健全教育教学管理制度，充分利用校内外的教育资源，丰富充实教育内容，创新教育形式，做好教育目标与人才培养目标、思政课教学目标、课程思政目标、第二课堂活动目标的衔接、贯通。五是要引导教师转变教育理念，正确认识和处理课程思政与学科德育、课程思政与思政课程的关系，增强课程思政一体化建设共识。抓紧抓好教师一体化培训，加强师德师风建设，着重做好教师课堂教学中思政元素、价值引领的挖掘能力的培养，提升教师育人能力。

二、突出协同育人，构建课程思政一体化协同机制

课程思政一体化是一个动态延伸、持续发展的过程，必须构建有效的运行机制。一是注重思政课程衔接，促进各学段思政课一体化、协同化。教育行政部门要系统考虑课程思政育人目标设置和内容安排，在各学段间形成螺旋上升梯度，实现课程思政实施推进的协同化。学校党组织要加强对党建和思政工作的具体指导，落实思政课程在育人环节的关键作用，推进形成课程思政与思政课程同向同行的育人格局。二是加强课程思政育人资源的统筹使用，建立思政资源要素的共建共享平台和机制。教育管理部门要统筹规划，深度发掘乡土教材、民风民俗、红色资源及专业课程中的育人元素，优化校内外教育资源供给，做到区域内学校课程思政建设优势互补。指导推进学校、家庭、社会协同育人，构建关爱服务未成年人的网格化管理体系。针对中小学课程思政比较滞后的现状，高校要发挥课程思政方面的优势，加强对中小学课程思政建设的帮扶指导，分享交流经验，共享师资及资源。三是强化课程思政一体化评价体系建设。思政课、德育课都不能以分数作为考核评价学生的标准，要实现知识评价向综合素养评价的转变。大学的课程思政和中小学的学科德育在评价体系方面要加强衔接贯通，建立科学多元化评价标准，实现不同学段课程思政的可持续发展。

三、加强顶层设计，完善课程思政一体化保障体系

课程思政一体化的运行离不开完善的工作格局和强有力的宏观调控。教育行政主管部门需要统筹规划，加强工作指导督查，形成党委政府主导、教育部门统筹协调、各学校积极配合落实的联动协作机制。一是领导和教师要加强对国家重大路线、方针、政策、决策、制度、会议精神的学习研究和贯彻落实，加强工作调研，吃透政策，掌握民情，提高决策执行水平，做到政策清、思路新、底子明、办法活，确保课程思政建设不走偏。二是在纵向上要做好上下贯通衔接，思政教育、课程思政和思政课程之间要形成一个有机的支撑保障系统。三是在横向上教育系统内外部的政策要相互匹配形成育人合力，尤其要发挥地方政府、家庭、街道、社区、村组在育人方面的支持作用，促进形成多元化育人格局。四是学校要建立健全课程思政建设的有关规章制度，全面落实思政工作制度体系。加强学校内部治理体系建设，建设强有力的思政工作队伍，调动各方力量，构建顺畅的沟通交流机制，解决思政教育方面存在的错位、缺位现象。五是深化课程思政一体化改革创新课题研

究，完善课程思政育人途径方法，强化学科渗透，打造课程思政一体化典型案例，发挥课程思政教学名师及团队的示范带动作用，搭建教师之间学习交流的平台。

高职院校课程思政的建设路径探究

一、课程思政的背景及概念

课程思政的概念于近年开始提出并广泛应用。2016年12月，全国高校思想政治工作会议召开后，高校教师聚焦"培养什么样的人、怎样培养人、为谁培养人"这个根本问题，围绕习近平总书记关于高校思想政治工作的重要讲话，开始深入思考研究"课程思政"这一重大课题。2017年12月，教育部印发《高校思想政治工作质量提升工程实施纲要》，提出"大力推行以课程思政为目标的课堂教学改革……梳理各门专业课程所蕴含的思想政治教育元素和所承载的思想政治教育功能"，第一次提出了课程思政的概念。此后，关于课程思政的理论探索和实践创新如火如荼地在全国各地开展起来。2020年5月，教育部印发《高等学校课程思政建设指导纲要》（以下称《纲要》），针对近年来高校探索课程思政建设的误区和困惑，从政策层面提供了方向指导，对如何实施课程思政做了规范要求。

课程思政是落实立德树人根本任务的重要途径和实践创新，是构建"三全育人"的大思政格局的重大战略举措，是改进和加强高校思想政治工作的必然要求。推进课程思政建设，对于坚持正确的办学方向，落实立德树人的根本任务，提高人才培养质量，培养社会主义建设者和接班人具有重大的意义。那么，到底什么是"课程思政"呢？根据笔者近年来对课程思政的学习研究和理解，笔者认为课程思政首先是一种教育理念和课程观，是教师的育人职责在课程教学中的具体体现。当然这里的课程是指除思政课之外的所有课程，是师道古训所说的授业之外的传道与解惑，是新时代教师应履行的育人使命，要求教师做到知识传授、技能培养与价值塑造三者的有机统一。简言之，课程思政是指所有教师都要利用课程履行育人的职责，对学生开展思想政治教育，进行世界观、人生观和价值观的培养，教给学生做人做事的基本道理。从这个高度和层面上讲，课程思政不是指某一门课程，而是一种教育理念，是教师应该具备的一种思维方式，也是一种教学体系。提倡课程思政，要求教师不仅要讲好专业文化知识，还要做好育人工作，特别要求教师深入挖掘专业课程中的思政元素，做到既教书又育人。但这并不是说，教师要把所有的课程都上成思政课，不能走向偏颇和极端，防止出现"两张皮"现象。教师应该注意，不能把"课程思政"与"思政课程"两个概念相互混淆。思政课程是思想政治理论课程的简称，是思政教师运用马克思主义基本理论对学生进行思想政治教育活动的总称。高职院校课程思政所指的课程涵盖面较宽泛，指除思想政治理论课之外的所有课程，包括理论课、理实一体课和实践课三种基本类型，甚至各种隐性教育课程和第二课堂活动。

二、课程思政存在的主要问题

课程思政虽是一个新概念，但在短短的三四年间，在东南沿海发达城市的高校获得了长足的发展。自2020年5月《纲要》出台后，全国高校掀起学习研究建设课程思政的高潮，重视程度前所未有。但从庆阳职业技术学院课程思政课题组对甘肃省高职院校的调研情况看，情况不容乐观。甘肃省现有29所高职院校，党委成立课程思政建设领导小组、制定本校课程思政实施方案的有13所，真正开展课程思政建设的高职院校不足三分之一，针对教师开展课程思政专题培训和讲座的高职院校寥寥无几。从发放给学生的4200份调查问卷反馈结果看，在专业课教学中，66%的学生认为老师经常讲国家政策，23%的学生认为偶尔会讲，11%的学生认为老师从不讲；对于思政课程，感兴趣的学生占75%，一般的占20%，不感兴趣的占5%；认为高职生思想道德状况很好的学生占74%，认为一般的占19%，认为不太好的占7%。分析1200份教师的问卷调查情况，对课程思政的内涵有充分理解的教师占14%，半知半解者占42%，不了解的占44%；知道如何开展课程思政工作的教师占38%，不知道的占62%；教师认为主要问题是：领导重视不够，教务处指导推动不力，教师能力不足，教师认识参差不齐，被动应付，工作无头绪、不知从何入手，学校制定目标急于求成，存在形式主义现象。教师普遍认为个人在实施课程思政方面存在思路不清、主动性不够、能力不强、技巧经验欠缺、生搬硬套等问题。

分析甘肃省高职院校课程思政工作的现状，本课题组得出一个结论：课程思政建设质量良莠不齐，虽有较大进展，但仍面临诸多困难。目前课程思改的发展状况与思政课教学工作"说起来重要、做起来次要"的现状高度吻合，"三全育人"格局尚未形成。具体表现为：学院领导层表面上非常重视，但没有实质性支持措施，特别是学院的具体实施方案、教学资源平台、激励机制、保障措施等还不到位，影响工作的深入开展；教学主管部门统筹协调指导不力，缺少有效的培训交流和工作指导，导致一些教师的课程思政改革走入误区；学校教学质量评价单一化与教师的多样化教学探索形成明显矛盾；打造由思政课教师、专业课教师、党政干部、专家学者、辅导员、企业骨干、团学干部组成的课程思政团队任重而道远；"双师型"教师紧缺，专业教师育才能力不精，育德能力不足，实施课程思政的思想、思维、思路有较大欠缺，还不能做到"育才"与"育人"的有机统一。

三、改进措施及实施路径

（一）学院党委要加强组织领导，抓好顶层设计，构建课程思政建设长效机制

一要抓好组织领导。要建立党委统一领导的课程思政建设工作领导小组，协调宣传、组织、人事、教务、学生、团委、院系等各方面，围绕落实党的教育方针和立德树人根本任务，深入持久地开展课程思政工作，形成"三全育人"格局和思政教育合力。二要突出政治引领。加强大学生理想信念教育，培养社会主义核心价值观，构建思政课程与课程思政协同育人教学体系。三要建立健全制度体系。要制定切实可行的课程思政指导方案和实施细则，形成高质量的教学典型案例和教学设计方案，选树一批课程思政教学名师，将课程思政开展情况与教师的考核、评优、绩效津贴、职称晋升相挂钩，调动教师的育人积极性。

（二）教务处要强化统筹协调，加强教师培训指导，确保以课程思政为目标的课堂教学改革工作落地见效

一要建立常态化的培训机制。强化教师学习交流培训和业务指导，帮助教师厘清课程思政建设思路，确保课程思政工作不走偏，收到实际效果。二要抓好教师理念转变。强化专业教师与思政教师的学习观摩交流，帮助教师改变思维定势，让教师认识到思政元素不单纯是政治，也是一种认识工具和思维方法，从而提升育人的意识和能力。三要抓好人才培养方案修订和"三教"改革。将课程思政、育人目标贯穿渗透到教学的各方面各环节，做到"门门课程有思政、教师个个人讲育人"。四要抓好课堂教学改革。要抓住专业带头人和重点课程，先试点，再推广，以点带面，稳步推进，在全院形成辐射带动效应。五要抓好责任保障体系建设。做到全过程重点抓机制，全方位重点抓统筹，推动校企协同育人，着力构建"纵向贯通、横向融通、内外连接"全覆盖的协同育人格局。

（三）广大教师要关注了解学生，加强学习研究，大胆探索创新，努力提高业务能力和课堂教学质量

一是教师要多了解学生心声，多关心学生生活，掌握学生的需求，把解决思想问题和解决实际困难结合起来，围绕学生的成长需要，有针对性地开展接地气、入人心的课程思政育人工作。二是教师要加强理论政策、"四史"、哲学、社会学、文学、教育学、心理学等知识的学习，提高自身综合素质和思政工作能力。三是教师要重视科研创新，坚持问题导向，加强互联网思维，在勤学善思和改进教学方法上多下功夫，做好拓展思路、淬炼思想、启发思维的工作，做好挖掘专业课程知识点、能力点所蕴含的思政元素的工作，利用互联网、翻转课堂、在线课程、慕课、讲故事、实践体验等，提高课堂教学效果。四是教师要做好大学生职业生涯规划和就业指导。能否顺利就业是学生面对的最迫切、最现实的问题。高职教师开展课程思政工作时应重点关注学生的就业和未来发展需求，在提升学生的责任担当上下功夫，引导他们不断超越和完善自我，争做大国工匠。

（四）学院要构建科学的课程思政质量评价体系，建立健全课程思政保障运行机制

按照中共中央、国务院《深化新时代教育评价改革总体方案》精神及立德树人、课程思政的要求，高职院校要尽快实现课堂教学的知识评价向素养评价转变。课程思政建设是一个庞大的系统工程，需要从组织领导、育人目标、师资培训、课程建设、激励和考评机制等各个方面全流程跟进，做好保障。其中评价体系建设是难点。一要坚持"五育并举"，全面落实党的教育方针和立德树人根本任务，将课程思政目标作为教育教学评价的重要内容，弥补体育、美育、劳动教育和创新创业方面的短板。二要改革教育教学评价方面功利化、片面化倾向，破除"五唯"顽疾，按照全面的教学质量观，修订完善相关教学管理制度。三要树立成就教师的意识，将教育理念、专业伦理、工匠精神、课程思政、师德师风、教育过程等纳入教师评价考核的内容和指标体系。四要改革考核评价学生的方式，把教师是否引导促进学生身心发展作为检验教学质量的首要标尺。广大职教工作者要在教学过程中注重价值引领，并做到：把知识传授作为基础，把能力培养作为目标，把价值塑造作为更高追求，为学生塑魂、赋能，让他们有能力为中华民族的复兴做贡献。

（2021年第34期《试题与研究》刊登）

高职院校课程思政的教学设计方法探究

一、如何设置高职专业课程的思政目标

高职院校开展课程思政教学，首先要做好专业课程的思政目标设计。如何科学设计思政目标？思政目标设计应该遵循哪些政策和标准？这是高职专业教师必须明白和掌握的。如果教师对此认识不清、没有清晰的思路，专业课的课程思政工作便无法入手，效果也无从谈起。

第一，以党和国家的路线、方针、政策和教育制度为指导思想和根本遵循，将其作为制定课程思政目标的根本依据。党的教育方针、社会主义办学方向，社会主义核心价值观，为课程思政建设指明了方向。教育部《高校课程思政建设指导纲要》（以下称《纲要》）是高职院校开展课程思政建设的纲领性文件和行动指南，明确了课程思政的指导思想、目标任务、重点内容和保障条件。《纲要》对如何科学设计课程思政教学体系做了具体规定。广大教师要按照"教育者必须先受教育"的要求，深入学习掌握其精神实质，转变思想观念，以政治家的胸怀、教育家的情怀，在平凡的岗位上教书育人，无私奉献，做习近平总书记所倡导的"四有"好老师，争做学生健康成长的引路人。

第二，密切结合专业人才培养方案、教学大纲、专业课程的特点及教学内容，以专业培养方向为基本依据确定课程思政目标。特别要在学科渗透、创新创业方面深入挖掘课程中所蕴含的有助于增强学生科学精神、人格养成、责任担当的思政元素、育人素材。

第三，遵循职业教育规律，立足学生技能培养、就业创业的需要，把与专业岗位相关的企业文化、管理制度、职业规范、工匠精神、职业习惯、工艺流程、责任意识、诚信观念、技术之美等作为挖掘、提炼思政元素的肥沃土壤。结合教育教学内容，在精心设计、巧妙融通中将思想政治教育内容有意识、有计划地融入教学各环节，达到教书与育人的完美有机结合。

第四，遵循思想政治教育规律，站在课程的高度、学生的角度，精心设计课堂教学，构建有意义、有价值的"问题"和学习生活。运用辩证唯物主义和历史唯物主义的基本理论观点方法，指导学生正确认识国内外重大政治时事，增强辩证思维能力，提高处理复杂问题的本领，积极面对和化解人生成长中遇到的困难和矛盾，帮助学生树立正确的"三观"。

第五，结合教师自身及他人的成长轨迹，做好教学经验的总结、反思，善于用榜样的力量以讲故事的形式，激发学生学习的动力，引导他们自我净化、自我提高。

二、专业课程中思政元素的选择与融入方法

教育部印发的《纲要》从"政治认同、家国情怀、文化修养、法治意识、道德修养"这五个方面明确了课程思政的主要内容。高职院校的课程思政建设除了落实以上五方面的内容外，还要结合学校特点及专业属性，选择思政元素的内容及具体融入路径。下面，结合庆阳职业技术学院实际，探讨交流专业课程中思政育人元素的选择及融入方法。

（一）结合专业群建设和通识课教学，拓展学科知识的内涵与外延，挖掘培养学生职业核心素养的思政元素

建设专业群的目的是为了强化综合素质和专业基本技能培养，增强学生的就业适应性。高职院校要强化专业基础课、公共课教学，着重培养职业岗位所需要的核心素养、知识、技能。例如，针对教育类专业群，在学前教育、早期教育、艺术设计三个专业中，加强教育学、幼儿心理学、师范生技能、普通话、音乐、体育、美育、劳动教育，着重培养幼儿园教师职业道德规范；针对会计、财务管理、电子商务等财经类专业群，加强诚信观念、廉洁意识教育，让学生做到遵纪守法、不做假账；针对建筑工程技术、道路与桥梁、工程造价、市政管理等建筑类专业群，着重培养学生的人文素养、创新理念、艺术灵感；针对酒店管理、老年服务与管理、空中乘务等服务类专业群，主要培养学生的敬业精神、服务意识、团队观念及宽泛的知识；针对机电一体化、工业机器人、汽车维修、智能焊接等智能制造类专业群，着重培养学生的创新思维、空间想象能力及接受新知识的能力；针对能源类专业群，主要培养学生工程知识、生态环保观念、创新意识、吃苦精神等；针对计算机、物联网、大数据等电子信息类专业群，主要培养学生的团队合作精神、实践动手能力、再学习能力；针对体育系运动训练专业，主要培养学生自我认知、终身学习、健全人格、人际交往沟通、组织管理、实践创新等方

面的能力。在语文、数学、英语、计算机、思政课、劳动教育、军事训练、安全、中华优秀传统文化、"四史"、创新创业等通识课教学中，深入挖掘中国元素、中国智慧、中国政策、文化品位、家国情怀、理性品质、道德情操、时代精神、政治认同、价值追求等有教育意义的思政元素和智力要素，并将其有机融入课程教学和第二课堂活动之中，在培养学生做人做事、完善健全人格方面起到画龙点睛的效果。

（二）结合专业培养目标和专业课程特点，挖掘专业课中蕴含的培养学生工匠精神和实践能力的思政元素

依据教育部颁布的高职专业教学标准、行业企业制定的职业标准、教学大纲及课程标准，深度挖掘专业领域知识点、能力点所蕴含的思政元素，将其融入知识传授、能力培养过程。一是结合专业素质和技能要求，深入挖掘学科中各概念的内涵，拓宽外延，在培养学生实践能力方面下功夫。如认识论、方法论方面，培养求真务实、勤奋、钻研、诚信、进取意识。二是结合学科发展史、大师成长道路、个人经历等拓展教材内容，用讲故事、比较的方式将思政教育渗透到教学中。三是在真实的生产实习环境中开展理实一体、项目化、情景式、虚拟仿真、分组赛训、互动激励教学等活动。

（三）围绕产教融合、校企协同育人，聚焦校园文化与企业文化结合，挖掘培养学生综合素质和就业潜能的思政元素和素材

针对目前高职毕业生中存在的职业素养不高、责任心不够强、纪律观念松懈、斤斤计较、狂妄自大、频繁跳槽等问题，学校要将企业的标准、规范、服务理念、管理制度等融入校园文化。通过建立产教联盟、产业学院、引企入校、开设订单班等方式，拓宽校企深度合作、人才协同培养机制。要结合高职生就业、升学及未来发展需求，加强职业生涯规划指导、就业政策、心理健康、劳动观念、求职技巧、法律法规教育。教学中要注意师生沟通交流的有效性，在面对面咨询、网络深度探讨、角色体验、情感模拟、就业招聘、岗前培训中，引导学生通过生活德育、体验式思考，实现理性认知与价值观念认同。

（四）发挥庆阳革命老区红色资源优势，开展革命传统和南梁精神教育，彰显课程思政育人特色

庆阳在中国革命史上具有"两点一存"（党中央和中央红军长征的落脚点，八路军奔赴抗日前线的出发点，是土地革命后期全国"硕果仅存"的革命根据地）的重要历史地位。"面向群众、坚守信念、顾全大局、求实开拓"

的南梁精神，是对青年学生进行革命传统教育的宝贵财富，对于庆阳职业技术学院打造课程思政特色具有独特作用。学校依托省级职业教育红色研学旅行基地，采取参观纪念馆、走访老红军、讲革命故事、实践体验、座谈交流、学习研讨、主题演讲等灵活多样的形式，深入开展红色文化教育，让每个学生都受到革命文化的洗礼。

（五）认真思考，周密准备，强化理论思维，创新教学方法，精心编写并落实课程思政的教学实施计划

课程思政是对教师课堂教学水平和育人能力的一项创新和挑战。所有教师都要高度重视，通过学习、思考、培训、探索，提高胜任课程思政育人的能力。为了做好课堂教学设计，教师要撰写课程授课计划和教程教学设计方案。要围绕课程思政教育理念，做好教案设计，精心组织教学实施并安排好课后训练任务，让学生养成反思和处理困难及问题的习惯。特别要结合正反面教材，引导学生分析热点、难点问题，提高是非判断能力。结合"三教"改革，做好专题讲座，编写活页式教材，用好典型案例，方便学生学习掌握。

三、高职课程思政建设对专业课教师的特殊要求

课程思政的核心是道德价值的引领。课程思政教学是一门高超的教学艺术。专业课教师除了精通专业知识和技能外，还应该具备综合素养，要有哲学的思考、历史的底蕴、文学的表达、心理的体验、社会的广泛实践。全体教师除了贯彻落实习近平总书记要求思政教师做到"六要"，坚持"八个相统一"外，在立德树人方面还应该做到以下三点。

一是教师要带着思想感情走进教室。教师一定要认识到自身肩负的责任和课程思政的意义与价值。要热爱职教事业，关爱每一个学生，精心打造自己所任教的课程，这样才能有上好课、育新人的责任感、使命感和自豪感。教学工作平凡枯燥，特别是面对文化基础相对薄弱的高职生，教师容易产生职业厌倦情绪和懈怠心理。这就要求教师始终牢记教书育人初心，正确对待教学中的苦与乐，每天带着饱满的感情、满腔的激情走进教室、走上讲台，以良好的心态做好课程思政工作。

二是教师要带着人格修养走近学生。"师者，人之模范也"。塑造灵魂的人，首先要有高尚的灵魂。教师要加强师德师风修养，对得起"师道尊严"的称谓，自觉树立教书育人、为人师表的良好形象，充分发挥言传身教、良好师生关系在教育教学中的作用。让自己的言谈举止成为活的教材，让课堂

上的行为示范成为最美的语言，做学生健康成长的引路人。

三是教师要带着方法技能走进课堂。学生是课堂的主人。互联网时代，课堂教学最忌讳照本宣科、"满堂灌"。教师要强化学习研究，用心钻研教材，掌握学情，不断丰富更新课程资源，精心设计新颖生动的课堂。要运用交流讨论、混合式、启发式、项目化、案例、任务驱动、实践体验等教学方法，激发学生的主体地位和参与意识。让学生多些互动交流，在思想碰撞、自省自悟中理性地接受思想熏陶。如果教师能够通过精湛的教学艺术，让学生在课堂上都有参与感、获得感，课程思政的价值引领目标也就实现了。

(2021 年 17 期《中国新通信》刊登)

高职院校课程思政建设应处理好几个关系

一、课程思政与思政课程的关系

这一对概念容易为人们所混淆，其实二者有本质的区别。课程思政是指所有的课程都应发挥育人功能，所有的教师都要履行育人的职责。特别强调，除思政教师之外的专业课教师也要把育人贯穿到课堂教学中，做到既教书又育人，并且以育人为最高追求。思政课程作为立德树人的关键课程，其特点是高度聚焦理论教育，思政学科定向明显。教育部规定了完整的思政课程体系，在不同学段设置不同的思政课程。从课程思政倡导所有课程都要纳入政治引领、价值塑造的内容这一要求看，课程思政的外延要比思政课程的外延大。当然两者不能相互替代。首先，思政课程是育人的主渠道、主阵地，课程思政只是补充和完善。其次，两者的思政教育内容有深浅之分，思政课程侧重思政教育的理论性、系统性、深刻性，而课程思政则以学科渗透、知识交叉、融入拓展等方式，着重对学生进行价值引领、人生导向教育。再次，两者作为不同的教学体系，其内容、特点存在不同。课程思政建设的目的是要突出专业课的育人功能，让专业课上出"思政味"，与思政课同向同行、协同育人。

二、领导重视与教师推动的关系

二者缺一不可，都是课程思政建设的制约因素。领导是否重视是高职院校课程思政建设能否可持续发展的前提条件。一些学校的课程思政蜻蜓点水，成效不尽如人意，与领导不重视有很大的关系。领导重视了，管理干部才会强力推动，教师才能尽心尽力做好。特别是对课程思政这个涉及面较广、难度较大、需要长期坚持下去的创新工作来说，更不能缺少领导层面的重视、引领、支持、谋划与指导。只有学校领导重视了，才能在人财物方面给予支持，形成全员参与、攻坚克难的工作合力。当然，课程思政要落地实施，广大教师的参与和推动是关键。承担专业课教学任务的专业教师是推动课程思政建设的骨干力量，他们的主动性、创造性影响着课程思政的成效。从课程思政的教学设计有关环节来看，教师的引导是关键环节。高职院校教师重教书轻育人、重专业轻思政的现状，要引起学校的高度重视，学校也要切实抓好教师的业务培训，让他们坚守职业信仰，争做职业教育的行家里手。广大教师要发挥个人聪明才智，全身心地高位推进课程思政建设，使立德树人、教书育人的任务落到实处。

三、重点突破与整体推进的关系

重点突破与整体推进，二者相辅相成、相互促进、紧密相连，是全面推进课程思政建设必须正确处理的一对重要关系。随着思政课一体化改革创新发展，各校将课程思政建设提上议事日程。就一个地方、一个学校而言，课程思政建设牵一发而动全身，必须妥善处理好重点突破与整体推进的关系。首先，要抓好统筹协调、整体设计、效果评价、机制保障，明确建设路径与载体，做到在试点中积累经验。其次，要强化领导的意识，抓管理理念、教学方法的变革，打通专业壁垒，细化改革措施，关注教师发展。当然，聚焦价值引领、重视宣传示范、加强内涵建设、创新课程建设、做好"三教"改革和提质培优等工作也必不可少，处理好这些工作可以发挥事半功倍的效果。从影响课程思政建设的要素来看，重点工作取得突破之后就要抓好整体推进安排，建立健全教学激励制度，建立长效机制，全校上下形成"三全育人"合力。

四、教师主导与学生主体的关系

高职院校要实现高质量发展，必须在人才培养中做到育人和育才相统一。课程思政理念之下的教学是一个师生思想交流的认识过程，要求教师与学生产生心灵火花的碰撞和思想共鸣。教师作为教学实施的必要条件，其主导作用主要表现在：教学目标的制定、教学任务的引导、教学过程的组织、专业知识的传授、技能方法的指导等。从认识活动看，学生则是学习的主体，是内因和决定因素。教师的教学活动和对学生的教育启发，如果不经过学生的吸收、消化，就不能转化为内在的本领与品德。特别是随着"互联网＋"时代的到来，学生了解掌握知识和信息的渠道更为广泛，学生"学"的途径更为灵活多样，传统教学模式受到极大冲击。教师要牢记教书育人初心，恪守立德树人使命，在课堂教学中为学生提供更多的实践体验和锻炼机会，在增强学生主动性、培养协作精神、激发创新意识方面多下功夫，让他们在感悟反思中增强政治思辨、价值认同和是非判断能力，提高自身综合素质。就高职院校教学而言，做到课内与课外相结合、课堂与生活相结合，把讲授、谈话、讨论等显性教育与企业见习、实习实训、实践锻炼、角色扮演、环境熏陶、情景感受等隐性教育有机结合起来，让学生有更多真切的生活生产体验，在解决现实问题中做到理实一体、知行合一，提高思政教育的时代性、感召力和育人效果。

推进高职院校课程思政建设的三个着力点

如何扎实推进高职院校课程思政建设是目前高职教师普遍关心的热点问题之一。本文从教师、学生、学校三个层面，围绕弥补专业课教师育人能力短板、提升学生就业能力、构建"三全育人"体系三个重点问题，探讨如何做实、做深、做大高职院校的课程思政工作。

一、弥补高职专业教师短板，做深课程思政工作

做好高职课程思政，专业教师的能力提升是关键。就高职院校而言，专业课教师在教师中占比最大，其中"双师型"教师是中坚力量，他们的教学水平、育人能力决定着学校的办学质量。目前，思政课教师与"双师型"教师的数量不足仍然是高职院校的一个薄弱环节。加之高职专业课教师基本都没有接受国家层面高规格的思想政治教育培训，自身的政治理论素养、育人能力、哲学思维方法等都有一定的欠缺。专业教师对企业新技术、新规范、新工艺、新流程掌握不多，加上一些专业实训条件不足，常常出现一些教师重理论、轻实践的现象。另外，由于思政课教师与专业课教师之间沟通交流不多，各自都按已有的知识体系、专业体系开展教学，专业课教师很少涉及思政教学，思政课教师也不关注学生专业知识和企业需求。调查发现，对开展课程思政的抵触情绪和阻力往往来自专业老师，特别是包括专业带头人在内的"双师型"教师。原因何在？他们对课程思政存在认识偏差，把它混同于思政课程，认为课程思政是思政教师的事，与自己无关。溯源追根，主要是由于专业教师平时不注重对政治理论、形势政策、职教政策、重大决策的学习，对党的创新理论、人才培养方案、教育教学规律、教情学情掌握不多不深，整天囿于个人狭小的专业圈子，导致自己的眼界、视野、思维、思想、思路、教学技巧等有一定的局限性，有的沿用大学所学的已经落后于时代的陈旧知识教学，教学效果往往大打折扣。还有一个原因，部分教师不喜欢学习，不热衷培训，不善于思考，产生了思维定势，习惯于原有书本知

识，沿用讲授式教学模式，认为一个教案、一支粉笔、一个黑板是教师的标配，对互联网、多媒体、线上与线下相结合的混合式教学，对跨界融合、项目化教学、任务导向教学等新东西不仅不学，甚至还抱有反感、抵触情绪。说到底，习惯的力量在作祟，怕失去老教师原有的"地位"。这样下去，不仅讲不好自己的专业课，更谈不上开展课程思政教学。

笔者认为，在高职院校开展课程思政，除了学校层面的组织领导和强力推动外，当务之急是要抓好教师的教育理念变革，加强业务培训和能力提升，加强师德师风建设，让落实立德树人成为教师的思想共识和自觉自愿行动。要抓"双师型"教师和专业带头人及骨干教师这个重点，先在他们中搞试点，积累经验，形成典型案例，再逐步推开。试想，让一个连专业课都讲不好的教师开展课程思政工作，就如同赶着鸭子上架，只会出现生搬硬套的情况，谈不上好的教学效果。

二、围绕高职学生就业需求，做实课程思政工作

高职教育与普通教育以传授科学文化知识为主的理论教育不同，它是对接产业行业需求，以专业为依托，对学生进行系统的技能训练和能力提升的类型教育，以培养拥有一技之长的技术技能人才为最终目标。学生的职业道德素养、技能水平和岗位适应能力是企业最看重的。随着我国经济结构调整、产业升级换代和第四代科技革命的快速发展，云计算、物联网、大数据、人工智能对传统产业带来了颠覆性的变革，企业对人才的需求层次和规格发生新的变化，传统的简单化的手工劳动者被时代所淘汰。高素质、高技能、智能化、创新型人才为企业所青睐。调研发现，职业院校的教学与产业发展、行业企业需求之间还存在一定的差距，毕业生上岗前不得不安排集中培训。滞后于企业需求的职业教育现状，加上生源多样化之下良莠不齐的毕业生素质及人岗不匹配情况，导致高职生高质量就业困难。一方面，企业常常找不到所急需的合适人员，甚至不惜重金让学校储备人才；另一方面，一些毕业生眼高手低，高不成低不就，找不到满意的工作岗位。这也是国家为什么倡导建设专业群，加强专业跨界融合，加大通识教学比重，加强学生综合素养培养的原因所在。高职学生在校期间的职业生涯规划、就业指导、人文素养教育还有不到位的地方。学生走上岗位后出现的角色转换慢、人际关系紧张、不善于沟通交流、团队协作意识差、复杂工作不会做、简单工作不愿做、好吃懒做、反复跳槽等诸多问题，都与学校教育和学生平时的修养不够、实践锻炼少有很大关系，如奉献意识不强，敬业精神不够，职业道德和

诚信意识薄弱，职业素养不高，职业信心不足，功利思想严重，专业伦理欠缺，专业技能不精，责任担当不强等，归根到底还是思政教育没有做好。从调查看，有的高职院校没有把"大学生职业生涯规划""就业指导"作为必修课开设，有的高职只是安排线上教学，辅导员、班主任的就业创新政策和技巧十分欠缺。教师在专业课教学中只进行专业知识和技能教学，忽视了学生职业规范和人格修养的教育培养。职业教育目前仍然存在校企合作、产教融合不深入的问题，企业专家、能工巧匠参与人才培养还不到位，企业文化与校园文化结合不紧密，学生对企业品质、企业管理认同度不高，这在很大程度上影响了思政教育的成效和就业质量。

高职院校把以就业为导向、以培养技术技能人才为目标作为办学定位，高职学生把能否就业作为首选目标和最终追求。从这个角度出发，教师在专业课程教学过程中，结合教学内容巧妙地渗透、融入以就业教育为主的思想政治教育内容，就显得十分重要和必要。这对于落实党的立德树人的教育方针，帮助学生形成正确的价值取向，转变就业观念，提高就业能力，培养德技并修的大国工匠具有重要作用。

教学活动的本质是教师与学生之间的交往活动，是一种培养学生认识活动的创造性劳动。属于思政教育延伸部分的课程思政，不能违背思政教育的基本规律。课程思政要往深处做，向实处走，走进学生的心坎上，就不能靠传统的说教和灌输。对于以文化基础薄弱的"三校生"为主要来源的高职生而言，要做好思想政治教育和课程思政，必须从学生的生活和心理需求出发，利用其喜好，营造善意的、理解的、包容的氛围，在专业知识教学和技能传授过程中，自然而然地渗透政治认同、家国情怀、人文素养、法治意识、道德修养等思育人因素，多做入脑入心的工作。课程思政教育要真正发挥作用，离不开学生的重视、参与和配合，其中学生的实践体验和感悟必不可少。要根据学生的发展需求和就业方向制定课程思政策略，让学生在深刻的主体体验中塑造人格、学会创造，搭建自我教育、自主成长的平台。高职院校开展经常性的社会实践活动、第二课堂活动、文体活动、技能竞赛、各类主题教育、企业实习、实验实训等，对促进就业和改进思政教育具有积极作用，对培养高素质技能人才意义重大。

三、聚焦实现"三全育人"目标，做大课程思政工作

课程思政与"三全育人"是落实立德树人、拓展思政工作的重要途径和切入点。课程思政建设，要在"三全育人"的大思政格局下，发动全体教师

全程参与，发挥所有课程的育人功能，形成教书与育人有机融合的教学体系。专业教师要通过课程思政建设，与思政课教师在育人方面形成合力，使落实立德树人教育理念成为广大教职员工的共同认识和自觉行动。

针对高职院校"三全育人"格局和体系尚未形成，课程思政处在探索起步阶段的实际情况，学院要从"六个加强"入手，改进和加强课程思政工作。一要加强党委对"课程思政"建设的领导，举全校之力深入推进课程思政改革，努力构建"三全育人"的大思政工作格局；二要加强"课程思政"的制度机制建设，做好顶层设计，确保课改教学顺利开展；三要加强教师思想政治建设，强化师德师风教育，抓好教师队伍这个关键和支撑；四要加强思政理论课建设，发挥思政课的主渠道、主阵地作用，发挥好思政教师在课程思政建设中的示范引领作用；五要加强专业教师的业务能力培训，引导他们深入挖掘通识课程及专业课程的思想政治元素，切实提升课程思政育人效果；六要加强课程思政改革试点，打造课程思政示范课，大力评选"课程思政"改革先进典型，抓好经验总结和普及推广，形成辐射带动效应。

基于职业能力培养的高职高专护理专业课程项目化教学策略研究

一、项目化教学的实施背景、内涵及意义

近年来,职业教育为我国经济社会发展提供了有力的人才和智力支撑。随着我国进入新的发展阶段,产业升级和经济结构调整不断加快,各行各业对技术技能人才的需求越来越紧迫,高等职业教育的重要地位和作用越来越凸显。以能力为本位的职业教育,必须对传统的教学理念和教学模式进行改革,培养能够适应市场需求的高素质、高技能的创新人才。

《教育部关于全面提高高等职业教育教学质量的若干意见》(以下称《意见》)明确指出:"人才培养模式改革的重点是教学过程的实践性、开放性和职业性,实验、实训、实习是三个关键环节。""要重视学生校内实习与实际工作的一致性"。《意见》指出,课程建设与改革是提高教学质量的核心。高等职业院校要参照相关职业资格标准进行课程与教学改革,建立突出职业能力培养的课程标准,改革教学方法和手段,融"教、学、做"为一体,强化学生能力的培养,探索工学交替、任务驱动、项目导向、顶岗实习等有利于增强学生能力的教学模式。

如何对护理专业传统的教学模式进行改革,真正贯彻岗位需求、"能力本位"的教学要求,解决好知识传授与能力培养之间的关系,这是教学实践中无法回避的一个新课题。基于此,庆阳职业技术学院《基于职业能力培养的高职高专护理专业课程项目教学设计与实践》课题组于2018—2019年开展研究工作,在项目化课程教学方面形成了一些理论成果。

基于职业能力培养的项目化课程教学是以工作过程为出发点,以工作项目为载体,以技能项目训练为主线,以完成项目任务为教学活动目标。该教学法是以实践为导向、教师为主导、学生为主体的教学方法,它从职业的实际需求出发,选择具有代表性的项目为教学内容,通过师生共同实施这一完

整的项目进行教学活动。该教学方法体现职业教育"能力本位"的要求，非常符合高职教育的职业性、实践性、开放性特点，也符合新时代所倡导的"以学生为主体、以教师为主导"教学理念，能够突出学生的主体地位，有效发挥教师的指导作用，模拟工作实际环境，激发学生的学习兴趣，培养学生的团队意识、探究意识和创新能力，提高学生的综合素质，帮助学生取得扎实的实践技能，争取实现学生学习和就业的"零距离"上岗。

因此，高职高专护理专业的项目化课程教学设计要遵循基于工作过程为导向的原则，按照认识论的要求和学生认知规律进行项目改造和设计，以完成项目任务所需的知识、技能来整合教学内容，配置教学资源，让学生在全程参与中学习知识，掌握技术，锻炼技能，提升职业素养，实现人才培养目标。

二、高职高专护理专业教学方面存在的问题

护理专业是一个实践性很强的专业。随着经济社会快速发展和人们健康观念的变化，对高级护理人才的需求也在不断提高。现阶段我国高职高专院校护理专业教学中，还是沿用传统的以理论教学为主的做法，未能注重学生主动性、创造性以及认知主体的发展，极大地限制了学生的思维发展和学习自主性，与新时代所需要的人才规格有一定距离。目前高职高专护理专业教育存在以下诸多问题和不足：一是学生方面，专业价值观模糊，专业思想不稳定，学习方式不适应；学习动力不足，人际沟通能力不强，实践教学课时不够，学生对课程实施的参与度不够，学习热情不高，职业综合能力不能有效形成。二是教师方面，缺乏专业知识，缺乏临床经验，缺乏教育理论与专业技能。一些教师钻研教学业务的精神欠缺，仍然坚持教师讲、学生听，教学侧重知识的系统传授，忽视学生应用能力的培养，不符合"能力本位"的教学要求。三是课程方面，教材滞后，教学内容欠妥，考核方式欠佳，教学效果不够理想。

三、项目化教学的实践路径及应注意事项

（一）以学生全面发展为目标，转变教育教学理念

新时代背景下的高职高专护理教育教学改革，首要的是转变教育教学理念，摒弃传统教育观念和思想对教师思想的禁锢，贯彻立德树人、"以人为本"教学理念，以学生为主体，提高学生综合素质和技能，锻炼学生的实践能力，加强学生临床经验积累，构建新型教学模式，转变师生在课堂上的地

位及态度，帮助学生规划学习目标、学习任务，培养良好的学习兴趣和职业情感，促进学生全面发展。同时，要加强理论与实践联系，通过学校—医院—社区—实践平台的搭建，优化教学环境和教学过程，引入翻转课堂、微课等新的教学方式，有针对性地解决护理教学中存在的师生互动少的问题，实现高效课堂的构建，进而提高学生的实践能力。

在传统的教学中，教师是课堂教学的主导者，教师传授知识、技能，学生是被动接受的"容器"。项目课程的实施，促使教学形式形成教师与学生互动关系，学生成为教学的中心，教师需要转变教学观念，由过去的"讲授者"转变为"指导者"，让学生有更充裕的时间开展自主探究、操作、讨论等活动，而教师的职责更多是为学生的活动提供帮助，激发学生学习兴趣，指导学生形成良好的学习习惯，为学生创设丰富的教学情景。如何使教师的美好愿望成为学生的愿望，让教师的"教"成为学生的"学"的需要，这是一个值得探讨的课题。教师要转变观念，重视研究学生的学习需求，帮助学生克服学习上的困难，让学生树立学习的信心。在课堂教学过程中，应该以学生为主，无论教学方案的设计和问题讨论，都要从学生今后的发展入手，提高学生自主学习能力和对学生的人文关怀意识。

（二）以职业能力培养为重点，推进项目化教学改革

职业教育改革和发展应以职业能力培养为依据和重点，教学模式和教学方法的改革是教学改革的最终落脚点。为实现综合职业能力培养目标，实现"工学结合、理实一体"的教学改革原则，学校应立足行业和岗位需求，依据高职高专学生的特点，结合课程的性质和实际教学情况，采取探究式、体验式、任务式、团队合作式、技能训练式等项目化教学模式，以案例教学法、问题教学法、病例情景模拟训练等教学方法，彻底改变以教师为中心的传统教学方式。采取"做中学，教、学、做一体"的项目化教学模式，其教学最大的特点就是学生都动起来运用自己的技能和知识完成项目任务。它有利于学生对工作岗位任务的真实性、整体性的理解，有利于实现理论教学和实践教学的结合，有利于实现学生职业技能训练和职业行为养成的一体化，有利于促进教学相长、师生互动，使教师成为学生学习过程的策划者、组织者和指导者，真正突出学生学习的主体地位，提高学生的综合职业能力。

（三）以提升教学水平为目标，加强教师培养和培训

教师是学校的核心竞争力、办学的关键因素和依靠力量。没有高水平的教师，就不能培养出高素质、高技能的学生。目前，一些职业学校在教师队

伍建设方面仍然存在重数量轻质量、重培训轻培养、重使用轻管理的现象。加之教师自身知识老化、技能缺乏等原因，常常出现有经验的教师舍不得抛开原有知识体系，年轻新教师离不开教材，大多仍然依赖集中讲授上课。部分专业课教师对于项目化教学设计的原则、内容、方法和要点等还掌握得不多不全，特别对如何构建教学情境（工作情景）知之甚少，教学效果不尽理想。学校在想方设法为教师提供好的工作条件、物质回报、社会尊严的同时，要按照"四有"好老师和"双师型"教师队伍建设的要求，加强教师思想政治素质、教学能力与水平、育人工作与水平、专业发展水平的培养，使教师的职业认同感和共同价值观成为体现办学特色、评价和发展学校的重要力量。作为教师，应自觉加强学习、研究和创新，不断提升自己的专业水平和综合素质，主要心思要放在如何增强教学能力，如何提高教育质量，如何将每一个学生关注好、培养好这些方面上，努力促进学生全面发展和高水平差异发展。

(四) 改革课堂教学模式，注重培养学生职业素养

教师主导下的项目化教学法改变了以往学生被动接受的学习方式，创造条件让学生能积极主动地去探索和尝试。在项目化的实践教学中，从信息的收集、计划的制订、方案的选择、目标的实施、信息的反馈到成果的评价，学生参与整个过程的每个环节，成为活动中的主人。在教师创设的条件下，学习成为学生的自主行为，学生独立或以小组形式自主完成一项典型的工作任务，并在完成过程发现问题、解决问题、提高能力，教师则成为学生学习的指导者、咨询者。从项目教学法的步骤看，由选择项目、分析项目、自主学习、完成项目到教师评价，是通过实施一个完整的项目而进行的教学实践活动，能够把理论与实践教学有机地结合起来，充分发掘学生的创造潜能，提高学生解决实际问题的能力。项目化教学突破了传统的教学模式，是一种比较有效的教学方法。其核心是：不再把教师掌握的现成知识技能传递给学生作为教育的唯一目标，或者说不是简单地让学生按照教师的安排和讲授去得到一个结果，而是在教师的指导下，让学生边做边学，把看到的、听到的、手上做的结合起来。学生在寻找这个结果的过程中，学会思考，学会发现问题、解决问题，进而增强信心、提高学习积极性、锻炼能力，最后进行展示和自我评价。显而易见，有利于学生职业能力的培养和提升。

(五) 构建体现工作需求和职业能力的教学考核评价体系

目前职业院校的评价内容、评价方式、评价主体单一，考核结果存在片

面、偏差、有失公平的情形，传统的笔试、闭卷考试已经不能适应形势发展和学生实际，亟待改革。项目化教学的实施，对于构建体现工作需求和职业能力的考核评价方式具有重要参考价值。按照培养学生综合职业能力的目标，考核评价内容应该着重从职业能力、结果及独创性等方面确定。例如，对项目化教学的学习成果，如报告、图纸、工艺文件、作品、软件等，应该作为重要的考核内容。就项目化教学的课程考核来看，教师除了做指导性工作之外，还必须加强项目任务实施每一步的考核，考核实现"零距离"，准确把握每一位学生的技能和知识的掌握程度，从而强化过程考核，达到"以考代管"的目的。可以分阶段、分项目进行考核；应分别考核实践能力与理论知识，其中实践能力考核应占较大比重；素质表现在考核结果中应有体现。不再进行传统的期中和期末考试。

"以工作过程为导向"、基于能力培养的项目化教学，其评价内容的构建，应更加注重学生职业能力和职业素养两大类多个方面素质和能力的培养。评价方式的构建，应考虑形成性评价结果和结果性评价结果，并且要重视和突出形成性评价结果的比重。由教师、学校管理人员、学生本人、其他学生、学生家长、企业专家组成多元化考核主体，开展客观、全面、公正的评价活动。

(2019 年 32 期《智库时代》刊登)

加强高校思想政治工作
落实立德树人根本任务

高校作为对大学生进行思想政治教育的主阵地,要落实立德树人的根本任务,必须改进和加强思想政治工作,实现知识传授、能力培养和价值塑造三位一体的教学目标。

一、坚持课比天大理念,发挥课堂主渠道作用

大学之"大",在于崇高,对国家负责。高校的人才培养是育人和育才相统一的过程,而育人是根本。大学的使命在于价值引领,培养学生的价值观和价值判断力。从这个意义上讲,对育人工作的重视,是永远第一位的认识。作为教师,上好课是第一任务,是比天还大的责任。教师的首要职责就是认真教学,通过教学引领学生探求真理、健康成长。要实现这一目的,单纯靠思政课是不能完全奏效的。思想政治工作不只是思政教师和辅导员的职责,而是全体教师的共同责任。目前,一些专业课教师对此仍然存在模糊认识,还没有做到把知识传授和技能培养转化为学生的价值塑造,导致教书与育人相互脱节。为此,习近平总书记提出,做好高校思想政治工作"要用好课堂教学这个主渠道,其他各门课都要守好一段渠、种好责任田,使各类课程与思想政治理论课同向同行,形成协同效应"。高校要明确所有课程的育人功能和责任,做到课程门门有思政,教师人人讲育人。作为教师,要以课堂为载体、以学生为中心,努力在真理和道义的制高点上发力,培养学生的远大理想和宽广胸怀。这是每一个教师的重要任务、应尽职责和光荣使命。

韩愈《师说》曰:师者,所以传道授业解惑也。教师,不只是教书匠,还要教授学生为人处事的道理与主动学习的可贵品质。大学之"大",就是在授业解惑中引人以大道,启人以大智,使学生成为栋梁之材。清华大学邱勇校长指出:"价值塑造是最重要的,它从根本上影响学生的成长。能力重要、知识重要,但是最终能不能承担社会责任,能不能做出大的贡献,还是在价值引导上。"对一个教师来说，上好课并不是一件简单的事，它要求教师应该带着感情和激情走上讲台，走进学生中间，把"培养人"作为根本任务，自觉履行提高学生的人格境界的天职。思想政治工作的首要任务是释疑解惑，要从学生关注的现实问题入手，把解答学生的思想困惑作为首要任务。如果教师的政治站位不高、思想能力不足，就只能绕着学生的问题走，就做不到以思想的力量解决学生精神的饥渴，便谈不上引导学生树立正确的世界观、人生观和价值观，无法担负起学生健康成长的引路人的重任。

二、创新课堂教学方式，提高思政课教学质量

为什么有的老师的课不受学生欢迎，而有的老师的课却能引人入胜？思想政治理论课如何接地气、鲜活可感，达到入脑入心的效果？笔者认为，不是学生不爱学习，而是学生不愿意被动接受教师对知识的灌输。教师需要审视自己的教学方法，"黑板＋粉笔＋教材"的方式已经无法满足当前学生学习的需求。由于对课堂教学重视不够，讲课内容空洞乏味，教学方式陈旧落后，导致教学效果不佳。传统的传授式教学以教师的认知习惯为准则，而不是以学生的认知规律为准则，它只能教给学生认知和模仿，却无法培养学生的创新能力。随着大数据、物联网、人工智能时代的到来，教师不但要思考如何教学、怎样做好教学设计，而且要思考怎样当好教师。这对高校教师来说，难度和压力会更大，因为他们承担着培养担当民族复兴大任的时代新人的重任，使命光荣，责任重大。

适应信息化时代学习生活方式的变化，及时探索改进教学方法，这应该是包括思政课教师在内的所有教师的不懈追求。新时代思政课教学模式的目标是要重构传统面授教学，融合创新数字化教学，实现面对面教学与在线学习两者的优势结合。这就要求教师不断加深对教学内容的理解，力求将教材体系转化为教学体系，进而将教学体系转化为学生的认知认同体系，强化教学的针对性和亲和力，更好地服务学生全面发展。

近年来，一些高校通过推行课程思政教学改革，思政教学改革成效显著。比如，依托先进的数字校园，引入线下面授教学与线上网络教学相结合的混合教育（翻转课堂）模式，从根本上体现"学生是学习的主体"这一思想，实现了从注重知识传授向注重能力培养转变。通过利用微信平台、雨课堂、图文课件、视频资料，讲故事，寓教于乐，增强了课堂教学的吸引力、感染力和说服力。注意师生互动和启发式教学，改变"满堂灌"和"我说你听"的现象，活跃了课堂的学习气氛，增强了课堂教学效果和学生的获

得感。

三、围绕实现"三全育人",构建大思政工作格局

目前,高校要应对国际形势、市场经济、多元价值观、新媒体等严峻挑战,落实立德树人的根本任务,仅靠某一方面的力量是不够的,必须调动各种积极因素,构建"思政育人、专业育人、文化育人、实践育人、科研育人、管理育人、服务育人"的大思政工作格局和课程思政教育运行机制,把思政工作贯穿于教育教学的方方面面,实现全员、全程、全方位育人。

思想政治教育工作是一个复杂的系统工程,需要强化制度建设和顶层设计。第一,要牢牢掌握党对高校工作的领导权,掌握高校思想政治工作主导权,保证正确的办学方向,保证高校始终成为培养社会主义事业建设者和接班人的坚强阵地。第二,要凸显大学生的主体地位,加强校园文化建设,注重实践育人,强化自我教育,发挥党政群团、企业及学生社团的协同育人功能,更多地关注学生的内心世界和个体发展。第三,要提高师生员工政治素质,加强思想政治引领,强化师生交流互动,在促进学生与社会的和谐发展中完成教书育人的使命。第四,要遵循思政工作规律,遵循教书育人规律,遵循学生成才规律,广泛组织动员各方力量,形成思政工作的强大合力。

(2019 年 8 期《教育革新》刊登)

提高"职业道德和职业指导"教学效果之我见

中等职业学校开设的"职业道德和职业指导"课是学生必修的一门思想性、实践性较强的德育课程。这部中等职业教育国家规划教材，内容丰富，结构合理，体例新颖，图文并茂，贴近社会、贴近学生，知识性、实用性、趣味性比较强。通过教学体会，我认为应在尊重课程体系和课堂教学规律的前提下，着力提高该课程的教学质量和效果，必须做到以下几点。

一、学校领导要高度重视，保证教学计划落到实处

在以就业为导向改革职业教育的新时期，中等职业学校开设"职业道德和职业指导"课，是搞好学生职业道德教育和就业工作的必要前提。面对严峻的就业形势和就业压力，对学生进行就业指导和帮助，已经成为中职学校的共识。我们既要重视推荐就业、帮学生寻找工作，也要重视对学生的培养教育，充分认识到职业道德、专业技能、意志品德、合作精神、适应能力、心理素质等在学生成长中的重要性。在以就业为导向推进职业教育改革发展的新时期，加强中职学校德育工作以促进学生健康成长尤为重要。教育部《中等职业学校德育大纲》明确指出："中等职业学校必须把德育工作摆在素质教育的首要位置。""职业道德和职业指导"课是学生谋求职业的通行证，旨在引导和帮助学生认识自我，认清就业形势，形成良好的职业意识和职业道德，掌握职业技巧，正确择业，顺利就业。为此，学校领导首先要提高思想认识，把它纳入德育教育体系，统筹规划，督促落实。一是在教学计划的安排上，要保证这门课程落实到位。各个专业都要开设职业指导课，而不是有的专业开设，有的专业不开设；有的班级开设，有的班级不开设。教师要全面系统地讲授该门课程的内容，而不是简单地搞几次讲座便应付了事。二是在教学时间上，要科学安排。学校的职业指导工作是一个系统的教育过程，其内容不仅仅局限于课堂的教学，我们在抓好教材进课堂的同时，要解决职业指导工作进头脑的问题。该门课的教学最好分两个阶段实施，在新生

入学的第一学期，着重进行专业思想教育、职业理想教育、职业素质教育，为学好专业、提升素质奠定基础；在毕业实习前，可结合就业指导开设专题讲座，进行职业选择、创业意识、职业生涯设计、择业技巧教育。这样，可以增强教学的针对性和实际效果。

二、以就业为导向，创新教学内容

职业教育是就业教育。严峻的就业形势，激烈的生存竞争，要求中职学校切实做到以就业为导向，进行培养模式、课程体系、教材内容和教学方法的改革，把用人单位满意不满意、学生满意不满意、社会满意不满意作为衡量教育质量的最终标准。"职业道德和职业指导"课作为一门实践性、时代性很强的学科，其主要是为学生就业创业服务的，这就要求教学内容紧跟就业形势和人才市场的变化，直接围绕就业需要进行调整和改革。教师既要掌握就业政策、法规、就业形势、就业信息，又要加深对社会、对学生的了解，搜集就业案例，适当地运用参观讨论、资料分析、案例引导、现场模拟等多种教学方法，在校园文化活动、社会实践、社会调查中渗透，有效地激发学生的学习热情和学习动机，锻炼学生的实践能力。如在讲授"职业道德行为养成的途径"时，我们可以组织模拟应聘，结合学生的站姿、走姿、坐姿、问候、答问、告别等言谈举止，加深学生对"在日常生活中培养道德素质的重要性"的理解。同时，教师要结合职业岗位和就业市场发展变化，改革教学内容，适时地对教材进行取舍和增补，增加新的知识和信息，唤醒中职生立志成才和以"成功者"心态走向社会、适应社会、服务社会的主体意识，用德育拓展提升学生精神世界并促使其全面发展。又如，教师帮助学生进行职业生涯设计，也是一种较好的教学方法。它是根据就业市场需要和学生实际，制定未来职业生涯发展规划的过程，是对个人职业前途的展望，有助于学生了解就业形势，正确认识和看待自己、激励其对实现自己职业生涯目标的追求。

三、创新教学方法，增强教学的吸引力

中职学校的德育教学具有特殊性，德育要达到学以致用的目的，就要突出学生的主体地位，改变单纯依赖灌输道德知识、不重视活动训练与体验的做法。教师要尽可能地采取直观性教学方法，引导学生大胆设想、质疑，增强其感性认识和主动学习的意识。一是抓好案例教学法。对这门要求学生参与性很强的课，编者在每一节都精心设计了启发性较强的案例，教师要让学

生通过主动探索、发现、体验，学会对案例中的知识信息进行收集、分析、判断，以获得成功的体验。要注意选择本地本校的新鲜事例进行教学引导，用身边的人、身边的事教育学生，这样更具有说服力和实效性。二是课件引导法。政治课教学要避免枯燥乏味之感，改变学生冷漠的态度，就要在如何增强吸引力方面下功夫。采取多媒体课件教学，能够提高学生的学习兴趣。如在讲"职业理想"这一课时，笔者结合自己的所学所思，制作了图文并茂的题为"树立理想，超越自我"的课件，该讲座在全校师生中讲授时产生了良好反响。三是改革考试方法。政治课考试的命题要难易适中，突出主观题的比重，采取限定时间、独立答卷的开卷方式考试，往往要比单一的闭卷考试效果好，能够检验学生的能力。四是加强师生间互动。教师要带着感情走进教室，搞好师生的情感调节，创造和谐融洽的课堂气氛，要注意用生动的语言、身教的力量昭示、感化学生。为达到事半功倍的教学效果，中职学校的职业指导课，除由教学基本功扎实的政治教师讲授外，也可以让学校从事就业指导工作的资深老师讲解，最好结合就业报告会、就业教育讲座等进行。这样，可以调动学生的学习热情，增强教学的感召力，有效地提高教学效果。

（2012年第1期《学习导刊》刊登）

寻找学校与社会的结合点
——浅谈中职德育工作社会化的现实性与可能性

从社会学的角度讲，人的社会化指的是个人不断学习社会的知识、技能和规范，主动适应社会生活，取得社会成员的资格，丰富和发展自己的社会性，使自己与社会取得一致的过程。它是保证社会作为一个整体不断发展的前提和条件。

作为以服务为宗旨、以就业为导向，为生产一线培养实用性人才的中等职业教育，2010年左右，其德育教育活动只有放在社会大环境中去做，通过各种社会性的途径和渠道，缩短学校与经济社会（或市场）的距离，才能培养高素质的人才。它包括两个方面的内涵：一是工作对象学生作为个体的社会化，即学生通过参加社会实践、社会调查、顶岗实习、勤工助学等各类活动，走出校门，深入社会，锻炼成才；二是德育工作者自身的社会性，即教师通过自身努力，与各种社会组织建立起来广泛的联系，发展横向合作，寻求社会各方面对学校教育教学的支持。从社会方面看，是社会对校园产生影响，用社会的文化和价值观念来影响校园文化及其价值观念；从校园方面看，是校园文化主动影响、接受和适应一定的社会文化。学生个体的社会化得到家庭、学校、社会各方面的高度重视和积极引导，德育工作成效明显。但中职德育工作的社会性和开放性，却由于各种主客观因素的影响和制约，尚未得到应有的重视，致使学生的社会化进程在广度和深度上受到影响。

一、中职德育工作的社会化是社会主义市场经济下教育教学改革的必然结果

德育工作是一项社会性的工作，青年学生的生活、学习都与社会各方面密不可分。市场经济的广泛冲击和网络信息的深刻影响以及教学改革的不断深化，使中职生的思想道德、心理状况、社会认同度等方面存在诸多问题。

特别是随着社会主义市场经济的发展，社会上经济的、政治的、文化的各种思想意识和价值观念不断强烈地冲击着校园，使得校园与社会更加融为一体、密不可分，且社会对校园的影响越来越广、越来越明显，力度也越来越大。在这样的条件下，关起门来做德育工作，显然已是山穷水尽了。

中职教育中仍程度不同地存在着理论教学课时比重大、理论与实践相脱节、校内教学与校外实训联系不紧密、教书与育人结合不够等问题。解决这一问题的唯一途径是进一步深化教学改革，把培养"一专多能"的高素质技能人才作为育人的出发点和落脚点。而要达到这一目的，就要改革教学模式，走校企合作、工学结合、产教结合的路子。为此，2008年12月，《教育部关于进一步深化中职教育教学改革的若干意见》提出："坚持以育人为本，把德育工作放在首位。遵循中等职业学校学生身心发展的规律，增强新形势下中等职业学校德育工作的主动性、针对性和实效性。"同时提出："改革人才培养模式，大力推行工学结合、校企合作、顶岗实习。"德育工作者要担当起教育培养学生的责任，必须站在教育改革的前沿，努力扩大德育工作社会化的广度和深度，以不断适应经济社会发展提出的新要求。针对职校学生的实际和身心特点，中职学校强化德育首位意识，围绕"要让学生成才，首先要让学生成人"的教育理念，积极构建多渠道、多途径的社会化德育工作网络，加强学生思想道德教育，努力打造"实践德育""人文德育""快乐德育"载体，建立校外德育基地，开展生产见习活动，培养学生职业道德和技能工人职业素质，让学生在快乐的氛围中建立正确的价值观和人生观。

二、德育工作的社会化是社会对中职人才素质提出的客观要求

市场经济条件下，社会发展的竞争性、激烈性、急剧性特点要求学校输送人才必须是"一专多能"的高素质人才。在"自主择业、双向选择"的就业政策下，很多中职生毕业后面临着专业不对口、改行就业的选择。由于学校教学改革的滞后，绝大多数教师仍把主要任务局限于课堂教学上，加之专业知识结构等原因，不能也没有精力组织太多的学生参加社会实践活动。因此，德育工作者有责任也有能力架起社会与学校之间的桥梁，通过与社会各行各业的横向联系与合作，正确引导中职生走向社会，认识社会，适应社会。要注重网络德育在学校文化中的影响力。信息网络的空前发展，教师将逐步告别教学的老三样工具"粉笔、黑板、教案"，取而代之的是全新的智慧黑板、信息网络、电脑、手机等现代教育技术和手段。作为培养和塑造人

的德育工作者，应主动迎接挑战，牢牢地把握发展的机遇，开创德育工作的新局面。网络的普及，对学生的影响不容忽视。信息网络技术使德育工作的空间和范围更为广阔，吸引力和感染力极大增强，传播速度更加快，工作效率成倍提高，消极文化产品和黄色文化的传播等又给网络德育工作以严峻的挑战。我们要用校园网、电化教育、多媒体教学等现代化教学技术手段对学生进行教育，以提高德育的针对性和实效性。

三、中职德育工作的社会化，是动员社会力量重视育人工作，支持教育事业的重要手段

学校的根本任务是培养人才，而人才的归宿是社会。市场经济条件下的中专教育，不允许学校与社会两者之间处于一种"游离状态"。从这个意义上讲，教育是整个社会的大事，全社会都有责任关心、支持教育事业，共创良好的育人环境。但由于客观历史条件的限制，中职学校普遍存在办学经费紧张、德育活动经费不足、实训设施缺乏等问题。加之企业自身的经济实力强弱不一，愿意支持教育事业发展的中小型企业大多没有能力投入数十万甚至上百万的经费。而市场经济倡导的是一种互利互惠原则，是双方受益而不是单方面的赞助和投入。通过德育社会化工作渠道，形成以校园为中心，以活动为载体，以社会支持为资源的工作机制，不仅可以动员社会各方面支持教育，又可使企业借助活动树立良好的社会形象，起到广告宣传无法起到的作用。

市场经济的开放性、多元化特征，社会发展对人才素质提出的要求，教学改革及德育工作自身发展的趋势，为加快中职德育工作的社会化进程提供了重要依据和现实可能。德育工作者要善于抓住机遇，巩固和发展以校园为中心、以社会为依托的社会化德育工作体系，积极发展校企合作、校地合作，采取"走出去、请进来"等办法，不断扩宽德育的工作领域，利用外力壮大德育工作的社会资源，引导学生更多、更广、更深地接触社会，培养学生自强、开拓、进取的创新精神，使之成为适应社会发展的高素质技术技能人才。

(2010年第12期《学习导刊》刊登)

以科学发展观为指导　筹建庆阳职业技术学院

学习贯彻党的十七大精神，我们应当结合本地实际，遵循科学发展观的要求和职业教育发展的规律，进一步解放思想，大胆创新，积极整合中职教育资源，加快庆阳职业技术学院筹建步伐，推动全市职业教育又好又快发展。

一、认清形势，提高认识，进一步统一思想和行动

高等职业教育以为经济社会发展培养综合素质较高、创新能力较强的高级技术技能应用型人才为培养目标。大力发展高等职业技术教育，是我国实施科教兴国战略和人才强国战略的一项重要国策。党的十七大报告强调指出："优先发展教育，建设人力资源强国。优化教育结构，大力发展职业教育，提高高等教育质量。健全面向全体劳动者的职业教育培训制度，加强农村富余劳动力转移就业培训。建立统一规范的人力资源市场，形成城乡劳动者平等就业的制度。"2003年8月，甘肃省人民政府《关于加快职业教育改革与发展的决定》要求"进一步发展高等职业教育，扩大高等职业教育规模"。庆阳市先后召开工业强市大会和全市教育大会，决定实施"工业强市"和"科教兴市"战略，筹建庆阳市职业技术学院，加快发展职业教育，培养高素质人才。我们的目标已经明确，现在，关键在于提高认识，统一思想，抓紧落实。

众所周知，"发展教育是最好的扶贫，办好职业教育是最直接的扶贫"。庆阳市是一个以农业生产为主的革命老区，农村人口占多数。加快小康社会建设、建设新农村的任务十分艰巨。要解决"三农"问题，推动农村劳动力转移培训，促进农村富余劳动力就业，对农民增收提供强有力的支持，开辟智力扶贫，就是要发挥职业教育在人力资源开发方面的作用。庆阳市要实现国民经济的较快发展，建设全省重要的能源化工基地，实现"科教兴市"和"工业强市"战略目标，不仅需要高层次的新型科技人才，而且需要大量的生产、服务、管理一线的应用型人才和高素质的劳动者。大力发展高等职业教育，是提高劳动者素质，促进劳动就业和实施"再就业工程"，加快经济

和社会进步，推进新农村建设，全面建设小康社会的根本要求。

庆阳市现有的几所中职学校是在特定时期为适应各类人才的需求而建立的，为庆阳老区的经济和社会的发展做出了积极贡献。但随着经济社会的发展，特别是20世纪末高校扩招、劳动人事制度及就业形势的变化，中职学校普遍面临生源不足、办学艰难的问题。在各级部门的重视和支持下，经过职业教育工作者的不懈努力，全市的职业教育取得了新的发展，但是，职业教育仍然是教育体系中比较薄弱的环节。各中职学校专业重复设置、招生无序竞争、就业质量不高的问题依然存在，办学者也颇有迷惘不知所措之感。加之社会上一些人们对发展职业教育的重要性缺乏足够的认识；职业教育的管理体制、办学模式、发展规模、教育质量等还不能适应庆阳经济建设和社会发展的需要；职业教育投入不足、基础薄弱、办学条件较差；当时，职业教育与普通高中发展比例不够合理等问题还未得到解决。如何把庆阳市的中等职业教育发展推向一个新阶段，这是广大职业教育工作者一直思考和探索的问题。我们认为，筹建高职学院是促进新时期庆阳市职业教育改革和发展的必由之路。

庆阳市加快筹建高等职业技术学院的条件已经具备。市委、市政府高度重视发展职业教育，2008年8月印发了《关于加快发展职业教育的决定》。经费投入、发展规划、基础设施建设等筹建职业技术学院的各项前期工作进展顺利。市直几所中专学校经过30多年的办学，已经具有人才、规模、经验等方面的潜在优势。而筹建职业技术学院是一个复杂的系统工程，需要市委、市政府的统筹、协调以及广大职业教育工作者不懈的实践和探索。首要的是如何把潜在优势转变为现实的优势，如何把各方面的认识统一起来，把各学校的力量凝聚在一起。这就要求立足实际，进一步解放思想，以体制改革和机制创新为动力，理顺现有的管理体制，打破部门界限和学校类型分割，清除各种思想和体制性障碍，加快职业教育资源整合，为拓宽中职通往高职教育的路途创造条件，为提高整体办学效益奠定坚实的基础。

二、深化认识，明确高职学院办学思路

进入21世纪以来，我国高等职业教育发展迅速，各类高等职业技术学院如雨后春笋般地在全国各省、市兴建起来。这些院校在办学中，边实践，边探索，已经积累了一定的办学经验，初步形成了自己的办学规模。但是，这些由普通高校的二级学院和中等职业学校升格而来的高职学院，其专业设置、办学模式的弊端也日益显露。因此，要促使庆阳市的高等职业教育良性

发展，就必须学习借鉴各地发展高职教育的成功经验，走出几个认识误区，以全新的观念和思路来谋划运作。

一是要真正把市场意识融入人们的头脑。改革开放以来，市场经济在我国已基本建立起来，但市场意识还没有完全融入人们的思维。典型的就是职业学校教育中的学校定位问题，不是市场需要什么学校就提供什么样的教学服务，而是学校能教什么就教什么，想怎样教就怎样教。教学与社会的需要和市场的要求有一定的差距。市场意识淡漠使办学者相信可以不顾及社会的需求及学生的就业状况如何，只要学校获得了发展（如规模的壮大），便是自己的成功；认为一所学校的发展状况怎样，不是自己对市场规律的顺应程度怎样，而是在于政府的支持程度。一旦出现问题，则往往寄希望于政府的干涉，而不是重新审视自己，通过自身的努力摆脱困境。这种思想在职业教育发展中体现得比较明显。一些中职学校由于对市场变化反应迟钝，一次次错失良机，自陷囹圄。如果我们筹建高职学院、从事高职教育，还无视市场的作用，抱着学校本位的卖方思想不放，在发展中过度依赖于政府的干预，那必定是发展壮大不了的。

二是要走出"重视大职教观，轻视新职教观"的认识误区。大职教观是一种终身教育的职业教育观，认为职业教育应包括职业预备、职前就业、职业转换教育以及技能提高和再就业教育等，不能仅仅局限于职前教育上。新职业教育观则认为，随着现代化的发展和日新月异的技术革命，学生面对的未知领域越来越多，过于狭隘的专项技能训练已经不能适应这种需求，必须训练他们适应这种变化的新技能、新能力。职业学校教育应随着社会的发展，根据时代的需求及时调整专业设置和办学模式。由于缺乏新职教观，使得我们的职业教育在现实发展中缺乏忧患意识，进取心不强，只知亦步亦趋地效仿他人，没有自己的特色和模式。如一些人认为我国是发展中国家，所需要的劳动力应该是具备中等技能者，认为我们应大力发展中等职业教育。这似乎言之有理，但仔细分析，其合理性颇令人怀疑。首先，职业教育是否仅应当服务于国内？其次，发展中国家需要的劳动力是否都一定是中等程度的？我国是否真的应该大力发展中等职业教育？从长远来看，我国最为紧缺的是高等技术人才，而不是具有一般技能的中等人才。有关调查告诉我们：阻碍我们发展的"瓶颈"是一些高技术难题，而不是一般的问题，如造船业和电力业就是最典型的领域。大家都知道，我国的商品之所以在国际市场上还具有一定的竞争力，是因为商品价格低廉；我国的商品之所以竞争力不强是因为加工精细程度不够、科技含量低。随着越来越多的高科技知识应用于生活和生产领域，社会对劳动者的素质提出了更高的要求。中等职业教育所培养的人才与现实的需要已有一定的差距，这是我们从近年来就业情况中所看到的。中等职业教育已出现逐步萎缩并上移至高职教育的趋势，如英国、法国、德国、韩国的职业教育甚至开设了研究生教育。至此，我们还有什么理由要坚持大力发展中等职业教育呢？因此，在已经树立大职教观的前提下，最紧要的是树立新的职业教育观，不然高等职业教育只能在低水平上发展、徘徊。

三是要重视发挥兼职教师的作用。适量的兼职教师可以密切职业学校和社会的联系，提高学生的操作动手能力，增强办学活力。但在公办职业教育师资队伍中，专职教师所占的比例非常大，兼职教师却很少。而国外的情况则正好相反。由于专职教师比例相当大，这样，有限的教育经费很大一部分就花费在教师的工资和福利上，用于改善办学条件和师资培训的资金自然就很少了。这种情况势必造成学校理论型教师多，实践型教师少，"双师型"教师进入企业和社会实习的机会就少之又少，致使学校对企业和社会缺乏深入了解，不能及时调整教学内容和教学模式。兼职教师比例过小，也说明我们的教育人事体制存在一些亟待改革的问题。

三、立足创新，坚持用新观念、新视野、新机制建设学院

要建设一所与市场需求和劳动就业紧密结合，结构合理、灵活开放、特色鲜明、自主发展的高等职业技术学院，必须做好以下几方面的工作。

1. 要用新观念建设一支懂职教、会管理、干事创业的领导队伍

建设好学院的领导班子，这是学院各项工作健康发展的前提和关键。因此，首先要建设一支政治坚定、德才兼备、懂职教、有开拓精神的学院领导班子和中层管理队伍。校长是学校的灵魂和统帅，应该实行校长持证上岗和任期制。管理人员可以公开选拔、竞争上岗，实行聘任制和岗位动态管理。

2. 要用新视野建设一支爱岗敬业、乐于奉献的高素质教师队伍

教师是实施学校教育的基础条件。邓小平同志曾经说过："一个学校能不能为社会主义现代化建设培养合格人才，关键在教师。"建设一支高素质的稳定的教师队伍，是办好职业教育的根本，是提高人才培养质量的关键，也是决定学校办学水平、推动学校全面、协调和可持续发展的重要决定因素。因此，我们应把教师队伍建设放在筹建职业学院的首要地位，坚持用全新的视野建设数量充足、质量可靠的师资队伍。在高职学院建设初期就要建立激励约束机制，建议推行教师聘任制和职称评聘分离制度。将要合并的各

中职学校现有的师资中，已具备高职学院教师条件者，通过聘任制改革进入教师行列；凡学历和职称不达标、不具备教师资格条件者暂缓过渡，督促他们限期完成达标任务。要突出"双师型"教师队伍建设和实训教师培养，采取外聘、培训等多种有效措施加强师资队伍建设。教师职务资格评审要突出职业教育特点，改进评审办法，打破终身制，试行评聘分离的动态管理。

3. 要用新机制推进内部管理体制和办学模式改革

学院的机构设置、专业设置、学科建设、人事管理、人员分配、工资福利、教学模式、后勤服务等工作，都要立足发展和创新，坚持以人为本的思想，着力打破狭隘的地域情结和小集团利益，以适应新形势和就业市场变化对现代职业教育不断发展的需要。

在专业设置上，要统筹规划，突出超前性，改造和调整职业教育的专业结构。既要巩固、完善、提高各中职校现有的特色专业，又要根据市场经济发展和产业结构调整的要求，发展面向新兴产业和现代服务业的新型专业和短缺专业，拓宽专业面向。

在教学模式上，坚持学历教育与职业培训并重，实行灵活的教学模式和学习制度。保留中职教育，发展高职教育，巩固提高成人学历教育的质量；加大实训基地建设和各类培训规模，建立中职教育与高职教育、普通教育、成人教育相衔接的课程体系，试行学分制等弹性学制，为学生半工半读、工学交替、分阶段完成学业创造条件。多层面地促进校企结合、顶岗实习等工作，提升教育教学的整体能力和水平，努力将学院办成面向社会的、开放的、多功能的教育和培训中心。

在后勤服务方面，实行社会化、市场化改革，购买社会服务。学校大规模发展，为后勤服务提供了一个大的市场。后勤服务与学校行政、教学规范分离，组建后勤服务公司，后勤公司实行产业化经营、企业化管理，属自主经营、自负盈亏、独立核算、自我发展的经济实体。后勤要解决好自身发展的体制问题，要激活后勤发展的活力，在竞争中求生存、谋发展，成长壮大，增强自己的综合实力才能支持学校的建设发展，让学校把资金全部投入到办学建设中去，全面增强学校的办学活力，让教学人员安心教学，让服务人员专心服务，让经营人员专心创收，建立一个满足职业教育发展需要的学校后勤保障体系。

（该文在甘肃省职业与成人教育协会2008年年会上交流获优秀科研成果奖）

对中高职院校贯通有关问题的思考及建议

近些年，中职学生毕业后进入高职院校继续深造的愿望迫切，中职学校与高职院校贯通培养成为一种趋势。庆阳市中职学校乘势而为，与省内外高职院校开展"3+2""2+3""五年一贯制"培养，取得了较好的合作办学效果。如今，中高职贯通招生规模占到在校生的"半壁江山"，中高职一体化办学格局正在形成。尽管中高职贯通人才培养模式成为大势所趋。但是，由于诸多原因，当前庆阳市仍存在中高职衔接不畅的问题。

一、中高职贯通存在的问题

随着中高职贯通人才培养模式的开展，终结了中职教育就是"终结性教育"的形式，使越来越多的中职毕业生进入高职院校学习。同时，中高职衔接教育的各种弊端开始显现，以庆阳市为例，中高职衔接主要受以下方面瓶颈问题制约。

（一）招生计划衔接比较困难，存在盲目性

1. 专业设置及招生计划的问题

初中毕业生热衷于五年一贯制的学前教育、护理等热门专业，而不愿意上电子技术、机电技术等冷门专业。前几年，庆阳市的中职学校与陕西省一些高职院校联办五年一贯制掀起一股热潮。原庆阳卫生学校从2008年与河南商丘医学高等专科学校联办五年制护理专业，后与商洛职业技术学院联办，一度招生火爆；庆阳理工中等专业学校于2012年与商洛职业技术学院联办五年一贯制学前教育专业招收3个班，由于计划较少，将1个班转为3年制中专；同年与安康职业技术学院联办五年制建筑工程技术专业。2013年该校与安康职业技术学院联办学前教育、护理、汽车、计算机五年一贯制，招生390多人。2014年，该校与商洛职业技术学院、延安职业技术学院联办学前教育、护理、建筑工程技术专业，招生320多人。与此同时，庆阳林校、西峰、华池、庆城、宁县等县的职业中专也纷纷与陕

西的有关高职院校联办护理、学前教育专业，由于计划紧缺、联系渠道不畅，有的学校只能通过向第三方民办院校交纳管理费拿到招生计划。从2012年开始，甘肃省内试行"2+1+1"招生模式，由于未开设护理、学前教育等热门专业，加之招生计划有限、转段考试录取率较低等原因，这种联办方式不为中职学校青睐。2015年，陕西省教育厅停止与甘肃省开展中高职贯通教育，庆阳市一些中职学校招生的五年一贯制学前教育、护理专业学生出路不畅。

2.招生条件及学制的问题

在与陕西有关高职院校合作时，由于没有省级教育部门的文件支持，导致招生条件、方式不清晰，基本为直接免试注册入学，导致生源质量不高，除招收初中应届毕业生外，还招收初中往届生和高中流失生。在学制方面，有"3+2""2+3"分段教学，也有五年一贯制，由于招生计划所限，同一学校、同一年级往往与不同院校联办同一专业，导致学制不一样，课程开设、教材也有差异，给教学管理带来很多困难和问题。

3.录取审批及转段的问题

前几年，由于五年一贯制生源竞争激烈，加之对中高职贯通政策掌握不透，在五年制招生时出现学籍注册情况不一的问题，例如，与安康某职业技术学院联办的学生注册在中职学校，与商洛某职业技术学院、延安某职业技术学院联办的学生却注册在高职院校；有的院校转段时需要经过考试环节，有的却直接入学，2015年安康某职业技术学院将一部分转段考试成绩较低的学生安排到宝鸡某专修学院，学生对此意见较大。

(二)院校之间对接不到位，影响人才培养质量

1.培养目标的对接不紧凑，缺乏延续性

由于中高职院校之间联系不够紧密，市场调研不够，对接工作不到位，对中高职贯通人才培养的内涵掌握不透彻，导致教学管理方面存在很多漏洞。诸如对中高职贯通的人才培养目标存在交叉混乱现象，涉及中高职教育培养什么样人才的问题，关系到中高职教育的定位和发展。关于中职技能和高职高技能两者的差别，无定量依据，实际难以准确把握。特别是中职毕业生出现升学和就业两种选择后，中职学校人才培养目标出现了一定程度的定位不清现象。以就业为培养目标，就会过于重视技能的培养，忽视理论教学，以升学为培养目标就会过于重视理论教学，忽视技能的培养，且尚未找到理论和实践教学的最佳切合点。

2. 课程体系对接有欠缺，设置重复或脱节

中高职学校根据各自的人才培养目标制订人才培养计划和教学计划，设置课程体系，但缺乏规范的中高职衔接课程体系，出现了诸多问题。要么中职学校照搬高职院校的人才培养方案，要么沿用3年制中职教学计划，进入高职院校后，不是导致课程交叉重复，就是教学内容脱节。从课程体系衔接实际人才培养效果看，出现了中高职衔接文化课脱节和技能"倒挂"现象。

3. 共建共享不足

庆阳理工中等专业学校与升格后的庆阳职业技术学院联合办学，打通了中高职贯通培养渠道，在校内实现了教育资源共享。对于跨校之间的合作，由于利益驱动，双方的合作存在短期行为，在实训教学、师资互派、管理经验等方面没有真正做到共建共享、优势互补，高职院校对中职的帮扶工作做得不够。在2015年以前的三四年，仅陕西省的安康某职业技术学院、商洛某职业技术学院、延安某职业技术学院，在庆阳市每年招收中高职连读的初中毕业生就在2500人左右，但中高职贯通资源共享做得很不够。

(三) 管理方面沟通不够，各自为政

1. 联合办学协议不够规范，未经过教育主管部门备案批准

由于缺乏政策支持和教育部门指导，前几年与外省的中高职衔接培养，双方签订的联合办学协议不够规范，如涉及管理费用的问题。作为处于被动地位的中职学校，只好勉为其难全部接受。这样的协议大都没有在省级教育部门备案，为学生转段和毕业留下了隐患。比如，庆阳某中专2013、2014年五年一贯制学生，提前一年时间进入安康某职业技术学院学习，增加了教育成本，学生家长对此也有意见。

2. 教学管理、学籍档案管理要求不明确

对于中职、高职院校来说，教学管理、学籍管理制度存在差异，招生、学籍、成绩管理往往属于不同的部门，由于沟通、协调工作不到位，经常出现一些问题。比如，三年后转段时提供初中应届毕业会考证的问题，进入高职院校后档案资料缺失的问题，成绩不能及时上传的问题，等等。

3. 学生资助方面的问题

由于学籍注册情况不一致，导致学生在享受资助政策方面出现一些问题。安康某职业技术学院录取五年一贯制后注册在庆阳某中专学籍系统的学生在两三年中职期间享受甘肃省中职生助学金及免学费待遇，不享受高职生待遇；学籍注册在商洛某职业技术学院、延安某职业技术学院的五年一贯制学生不享受甘肃中职生资助政策，享受商洛和延安两地的助学金补助，两所

高校要求联办中职学校前3年按照高职标准收取学生学费，实际上无法执行，因为连办高职学院有的免学费，有的没有免，且补助标准也不一样。比如，庆阳某中专2012级招收的五年一贯制学前教育专业学生，由商洛某职院发放了助学金，庆阳某中专未能享受免学费补贴，且免除了学费。在国家助学金按月评定后，跨省的中高职贯通培养学生学籍管理、资助工作难度加大。

4. 教学督导方面的问题

在与陕西省高职院校实施中高职贯通培养期间，除商洛某职业技术学院按照合同每年对中职教学工作进行检查外，其他联办高校除了院领导、招生部门的定期不定期来校交流外，基本上没有常规的教学督导检查和评估，中职学校无多少压力。

二、有关对策与建议

(一) 应注重制度顶层设计和指导，给予政策支持

1. 省级教育行政部门应加强领导，做好招生计划对接

针对中高职协调发展面临的主要问题，省级教育行政部门要从体制机制改革入手，在宏观管理、经费投入、招生制度以及专业课程标准建设等方面加大中高职的统筹力度。组织成立由教育、人社和产业部门的专家组成的咨询委员会，对衔接工作中的重大问题提出建议。应根据本省实际，出台政策措施，创设工作载体，完善实施机制，规划和指导各地（市）中高职的衔接工作落实。特别要协调有关部门做好中高职院校之间招生专业计划的统筹安排。

2. 发挥职教中心（职教集团）作用，加强统筹协调和监督

针对各地（市）中等职业教育资源相对充足，而高等职业教育资源相对短缺的现状，可以充分利用职业教育集团的优势，实现职业教育的资源共享。在政府支持和主导下，发挥集团的协调作用，以专业或区域经济产业为纽带，有效联合区域内的中等和高等职业学校，构建大职教体系，建立校际间合作共享关系，实现高职院校和中职学校的资源共享。就各地（市）来说，市职教中心应统筹全市职业教育发展，借助职教集团这一平台承担中高职衔接的监督与协调工作，特别要围绕中高职院校贯通的专业设置、招生计划对接、师资帮扶、实训资源共享、教师培训、教学指导、督导评估等工作。

(二) 院校之间要加强衔接交流，抓好内涵建设，提高人才培养质量

1. 构建中高职院校之间"教师互派、定期研讨、教学指导、常态沟通"的校际合作机制

中高职院校贯通衔接是现代职教体系的一个重要环节。中高职贯通从时

间衔接向内涵衔接,是一项复杂的系统性工作,参与的各校既要分工合作,又要明确自身权利与义务,在此过程中,需要反复研究,及时沟通,协调解决衔接过程出现的各种具体问题与利益矛盾,构建"教师互派、定期研讨、教学指导、常态沟通"的校际合作机制。

2. 联合建立专业指导委员会,为中高职衔接工作提供具体方案

中高职贯通教学工作归根到底要靠中职学校和高职学院实施,在具体操作层面,建议对接的中高职学校与行业专家联合成立专业指导委员会。根据专业教学标准和课程标准,统筹计划人才培养方案,建设中高职贯通教学管理平台,促进教学资源的一体化建设。

3. 抓好"七对接",加强中高职贯通人才培养的管理

中高职院校贯通重点要做好七个方面的对接,主要包括培养目标的对接、专业设置的对接、招生方式对接、课程体系和教材的对接、教学过程管理的对接、教学资源共建共享的对接、学生管理资助待遇的对接。

(三)坚持立德树人,解决学生层面的问题,服务学生成才

中高职贯通人才培养的关键在教育质量,核心要抓好日常教学管理和学生素质拓展。这就要求合作院校厘清办学思路,抓好专业建设、师资配备、实训教学和学生管理。在中职阶段,实行"实训+理论"教学模式,高职阶段实施"教学做一体化"教学模式,引进现代教育技术,提高人才培养质量。要加强和改进思想政治教育,发挥资助育人功能,减少学生流失;树立学生牢固的专业思想,注重培养学生综合职业能力。

(四)要处理好省内与省外院校、热门与冷门专业的关系

中高职贯通协调发展是构建现代职业教育体系的基础性工程,是大势所趋。省级教育行政部门应改革职业教育管理体制,实现中等和高等职业教育业务层面的统一管理;打破地区限制,给予省内外合作院校同等政策支持。要重点选择技能要求比较高、相对稳定的长线专业(如护理、学前教育等)作为中高职贯通的专业。同时,要加强示范指导,在国家示范校、国家重点、省级重点校之间加大中高职衔接招生比重,为顺利实现中高职协调发展提供借鉴。

(2015年8月收录于国家行政学院出版社出版的《教育教学科研成果选编》)

中职学校职业指导工作的现状和对策

随着我国经济社会的快速发展，大力发展现代职业教育成为人们的广泛共识，中等职业教育办学规模不断扩大，教学质量不断提升，毕业生就业率逐年提高。但就业质量不高却成为不争的事实。对于中职学校而言，牢固确立"以就业为导向，以服务为宗旨"的办学理念，有效地开展职业指导工作，提高毕业生就业质量，是提高学校核心竞争力的关键。

一、中职学校职业指导工作的现状及存在的问题

（一）领导重视不够，存在认识误区

就业质量是衡量中等职业学校教育质量和办学水平的重要标准。但由于各方面的原因，人们对职业指导工作的认识还不到位。在中职学校，职业指导工作具体实施的差异较大。经常出现这样的现象：学校领导一方面强调就业工作如何重要，另一方面职业指导却提不上议事日程。有的学校没有专门的就业指导机构，有的虽有但与招生机构合设，人员力量单薄；职业指导教师数量匮乏，专业化程度不高；大多数班主任对职业指导工作束手无策；对于就业指导课程，要么不开设，要么因师资原因只在个别班级开设，大多在毕业前搞临时突击，常常用就业辅导讲座和就业招聘会代替。加之被企业"用工荒"和中介机构有偿招工的表象所蒙蔽，中职学校的职业指导工作在领导眼中总是被一再拖延，临时性、盲目性、随意性较大。

由于重视不够，导致中职教师认识上产生以下误区：重教学工作轻就业指导，重依靠学校轻联系企业，重临时性活动轻经常性工作，重中介机构轻考察企业，重洽谈推荐轻平时指导，重理论教学轻实习训练，重专题讲座轻课堂教学，重就业安置轻跟踪服务，重就业结果轻教育过程。显然，职业指导的重要性在学校体现得很不够，在理念上并没有成为领导的共识，与教学工作相互脱节。职业指导工作缺乏经常性、程序化、专业化、系统化、全程化，已经影响到学生就业质量，制约学校发展。

（二）工作职能缺位，职业指导质量不高

就庆阳老区看，中职学校目前的毕业生安置多以外向型就业为主，基本上都是将学生安置在长三角、珠三角地区、沿海以及经济发达地区，岗位多为流水线上的操作工，近年在本地企业就业的人数虽有增加，但就业质量相对较低。主要问题体现在：专业不对口、劳动强度大、工资低、工作稳定性差、学生发展空间不足等方面。究其原因，主要有：一是人才培养模式滞后，毕业生质量不高。由于中职学校"双师型"教师数量不足，教材老化，教学内容陈旧，教学创新不够，导致教学工作仍然以课堂讲授为主，实训教学开出率较低，校企合作不紧密，工学交替流于形式，企业参与教学停留在口头上，学生专业技能不强，综合素质不高，导致就业质量必然不高。乃至出现数控专业毕业生不会编程、不会使用车床，会计专业学生不会做账，计算机专业不会五笔打字，旅游专业不会讲普通话等问题。毕业生技能有限，难以进入技术岗位工作，工资薪酬低在所难免。二是学校职业指导工作不到位，仍处于低层次、低水平的起步阶段。对职业指导与专业建设、招生、学校发展、教学、教学质量之间的关系缺乏前瞻性的认识，没有把职业指导工作贯穿教学工作的始终，平时对学生的职业思想、就业政策、法规讲解的少；对就业市场、企业的用工标准、行业对人才的需求了解不够，职业指导与就业现状联系不够紧密。学校预防性的职业指导工作开展不全面，职业指导工作网络不完善，工作方法简单，多限于就业信息发布、择业方法技巧等，内容空泛、形式化。职业指导工作功能单一，内容狭窄，存在服务多、指导少，信息多、用得少，问题多、研究少的问题。学生没有形成适应就业岗位的专业思想和职业态度。部分学生自信心不足，存在诸如自卑心理、矛盾心理、攀比心理、依赖心理、冷漠心理、实惠心理、盲目从众心理等种种不良的就业心理状态，加之缺乏社会责任感、自理能力不强、吃苦精神差，直接影响他们顺利就业。

二、加强中职学校职业指导工作的对策

职业指导是一个教育过程，本质上属于思想教育的范畴，是职业教育的重要内容、手段、途径和重要组成部分，是学校联系社会、企业、市场的桥梁。作为让学生了解职业、准备职业、选择职业、适应职业、转换职业的一门学科，它的内涵要比就业指导丰富得多。在我国就业形势严峻、就业压力越来越大，就业作为民生之本的新时期，大中专生的就业问题已经成为家庭、学校、社会关注的焦点。职业指导工作的现状与学生日益增长的需求、

社会经济发展之间的差距,要求将职业指导工作作为中职学校亟待解决的问题予以研究。

(一)提高认识,转变观念,牢固树立以就业为导向的办学理念

坚持以就业为导向的办学理念,是中等职业教育实现科学发展的必由之路,也是解决中职生"就业难"的一把钥匙。《国家中长期教育改革和发展规划纲要(2010—2020)》指出:"把提高质量作为重点,以服务为宗旨,以就业为导向,推动教学改革。"这是对职业教育的要求,也是当前中等职业教育的工作重心。纵观目前的职业指导工作,笔者认为观念落后、认识偏差,是中职学校职业指导工作跟不上形势需要的根源。

1. 提高认识,切实转变观念。"以就业为导向""以能力为本位""以岗位需求为标准""以技能为核心"等新的职业教育观较好地反映了我国职业教育改革的方向和精髓。因此,切实贯彻落实"以就业为导向、以服务为宗旨"是推动中等职业教育改革发展的基本保证。首先,学校领导和广大教师,务必认真学习新的职业教育理论,以更新观念为先导,才能保证"以就业为导向"的办学理念更好地得到落实。要将终身教育思想和全面发展教育思想作为构建中职学校职业指导教育实践的理论基础和指导思想,真正领会经济社会发展对中等职业教育发展的迫切要求,将深化校企合作、加强内涵建设、提高就业质量的要求贯彻到教学过程中。绝不能把对职业教育观的认识只挂在口头上,思想和行动仍停留在"以学科为本位""以知识为本位"上。其次,教师观念的转变,是教学改革的基础,是落实中职学校"专业够用、岗位实用"内涵建设的前提。但要让每一位教师的观念发生切实的转变,却不是一朝一夕的事,它是一件花时间、费精力的难事。学校既要重视,更要引导,还应采取必要的措施,进行师资培训提高等探索,着力帮助教师实现观念的转变,引导教师将教学落脚点放在教学生学会求知、学会生存、学会创新上。

2. 抓住关键,实施重点突破。"以就业为导向"的办学理念体现在学校的办学思路、办学定位、办学模式、专业设置、课程体系、师资队伍建设、人才培养模式、教学质量评价等方方面面。学校领导必须密切关注就业市场的发展变化,确立"以市场需求为导向,以能力培养为中心"的办学方向,理清就业工作与招生、教学、实训、管理、培训等相关工作之间的关系,努力走出传统的办学模式和人才培养模式的束缚,大力推行校企合作、工学结合、顶岗实习的人才培养新模式,缩短校企间的距离,保证毕业生"学以致

用",就业后有良好的发展。学校要根据市场和企业需求,加强骨干专业、精品课程建设,改革课程体系和教学内容,积极开展"双证书"制度、"订单式"培养和"产学研"合作教育,以更加灵活开放的教学方式,提高学生专业技能和综合素质,增强市场竞争实力,彰显中职办学特色。

(二)抓好就业指导教学,提高职业指导工作的实效性

就业指导课程,是帮助学生掌握就业方面的知识和信息,推动就业工作的一个重要手段和途径,也是对学生进行职业指导的主渠道。要按照教育部的规定,将其作为中等职业学校公共必修课列入教学计划,并贯穿学习全过程。这门课不是毕业班的专利,需要面向全体学生、从学生入学就做出规划。学校必须加强对就业指导课程的研究和建设,认真扎实地开展教学研究和实践活动,确保职业指导工作取得实效。要提高中职学生的就业质量,就要以学生职业素养和职业综合能力培养为导向,构建就业指导课程的教学体系,创新教学方法,体现应用性、实践性的特点。就业指导课教学的重点是职业意识培养、职业理想确定、职业道德形成、职业技能提高、职业生涯规划等,要根据各年级学生的实际需求,分阶段实施教学,并有针对性地开展职业素质测评、技能大赛、企业见习、考察观摩、案例剖析、模拟招聘、创业模拟实训等实践活动,使各年级阶段之间既相对独立,又相互联系,共同形成完整的职业指导课程体系,实现职业指导的全程化、全覆盖。需要强调的是,职业指导是对学生职业生涯进行的全面的、长期的引导,具有指导全程化、工作全员化、内容个性化、队伍专业化的特点,就业指导只是职业指导的一部分,两者既有相同之处,又不能等同起来。加强就业指导,帮助中职生树立自信心,规划适合自己的职业发展,形成良好的职业心态,是中职学校教育教学工作的重要部分,也是促进毕业生顺利就业的重要措施之一。

(三)加强校企合作,为毕业生创造良好的就业环境和条件

在中等职业教育的改革和发展中,要解决的问题很多,但有一个关键点是校企合作。校企合作既体现职业教育与经济社会、行业企业联系最紧密、最直接的鲜明特色,又是改革创新中职办学模式、教学模式、培养模式、评价模式的关键环节,更是促进教育规模、专业建设和经济社会发展需求相适应的重要途径。但有的地方、学校已经做出了有益探索,比如,成立职教集团办学、校企共建实训基地、冠名班定向培养等。如何为毕业生创造良好的就业环境和条件呢?一要与企业在产、学、研等方面开展长期、深入、稳定的合作。二要建立学生和用人单位信息库,方便学生和用人企业"双向选

择"。三要考察选择优势企业,搞好毕业生推荐和"促销"活动。四要促进校园文化与企业文化的对接,为中职生了解企业、成功就业搭建平台。五要搞好实习就业学生的跟踪服务,促进学生稳定就业,更好地适应岗位需要。

(四)重视人文素质培养,拓展职业指导工作的空间

中职学生就业质量不高、职业能力不强与职业思想、人文素质教育缺失有很大关系。为此,学校一要重视德育工作渗透和学生行为习惯养成教育,重视校园文化建设,培养学生爱岗敬业、吃苦耐劳、团结协作的品质,教育学会做人、学会做事。二要引导学生正确认识自我,降低就业期望值,树立"先就业、后择业、再创业"的思想。三要营造人文教育与职业教育相融合的校园文化。根据不同的专业,有针对性地培养学生与之相适应的专业技能、文化素养和职业素质,激发学生对所从事职业的热爱和开拓创新精神。

(五)加强组织领导,构筑完整的职业指导服务体系

中职学校的职业指导工作是一项涉及面广、政策性强的系统工程,工作中经常会出现新情况、新问题。为此,一要把毕业生就业工作作为"一把手工程",成立专门的机构,开展经常性的工作。二要从人、财、物、场地等方面给予充足保障,提供良好的硬件、软件环境。三要加强职业指导机构、人员、制度建设,打造一支爱岗敬业的专业师资团队。四要建立学生就业档案资料库,完善信息化服务体系;五要搞好市场调查,拓宽工作思路,全方位开展工作,采取有效措施,把职业指导工作做实、做细、做活、做强,实现职业指导工作制度化、系统化。

总之,中职学校的职业指导工作是一项利人、利己、利社会、利国家的公益事业。我们应该转变观念,真正树立"职业教育就是就业教育"的观念,把职业指导贯穿整个教育教学全过程,通过灵活多样的工作,为中职生开拓广阔的就业路子,实现中职学校教育教学工作的良性发展。

(2013 年第 11 期《教育学》刊登)

第三部分
学习心得

解放思想　更新理念　创新思路　谋求发展
——清华大学甘肃省高校教学副校长管理能力提升高级研修班学习心得体会

2017年2月27至3月5日，我和省内高校分管教学工作的副校长共49人一起有幸到我国顶尖大学——清华大学学习。通过一周的培训学习，开阔了视野，增长了知识，启迪了思维，产生了共鸣，感悟和收获颇多。

一是开阔了视野。清华大学是中国众多学子梦寐以求的最高学府，胡锦涛、朱镕基、习近平等党和国家领导人均出自清华。一些我们耳熟能详的名字，梁启超、钱钟书、季羡林、华罗庚、钱三强、钱学森、邓稼先、钱伟长、杨振宁、李政道，都是清华人的骄傲。梁启超（饮冰室主人）、陈寅恪（教授中的教授）、王国维（南书房行走）、赵元任（中国语言之父）被誉于"清华四大国学导师"名扬天下。老校长梅贻琦、蒋南翔的教育思想博大精深，发人深思。学习之余，我们参观了清华大学苏世民书院、清华大学基础工业训练中心、创客中心，观赏了美丽清华园的建筑群，以一名普通学员的身份融入清华学子的行列，重温学生时光，感受百年清华厚重的文化底蕴。因敬仰北大之父蔡元培，慕名北大"未名四老"（季羡林、金克木、邓广铭、张中行），缅怀李大钊等革命先驱，我们也借此机会进入与清华园一墙之隔的北京大学，怀着一颗虔诚敬畏之心，在对两所知名大学的比较中感受其可爱与可信，洗涤自己的灵魂。给我们授课的都是博士生导师和知名教授，他们学识渊博，讲课引经据典，信手拈来，幽默风趣。我们领略名师大家的智慧风采，接受了许多新观念、新思维，着实开阔了视野。

二是增长了见识。这次学习内容丰富，主要安排了教育类的专题讲座，如《高校核心竞争力提升的智慧与实操》《大学教学与人才培养》《高校如何开展国际合作》《地方高校发展战略与院校评估》《一流大学建设与地方高校改革发展》《教育信息化新浪潮中院校的着力点——混合教学改革》《科教融合与项目式教学——通过"做研究"提升学生能力》《清华本科教学组织实施评价》《高校治理结构的重点与难点——清华综合改革院系交流》《清华历史与清华精神》等，每一次讲座都是精心制作的精神大餐。开班仪式和结业典礼别具一格，每天的晨读给我们留下了难忘的记忆。

三是启迪了思维。洪成文教授讲解的《高校核心竞争力提升的智慧与实操》课程，对高校尤其是我们这样的新建高职院校如何确定办学定位及如何打造办学特色具有现实指导意义。余寿文教授的《大学教学与人才培养》课程，从涉及人才培养的20个问题入手，回答了困惑高校办学的一些关键问题，澄清了我们思想上的一些模糊认识。张毅教授的《高校如何开展国际交流与合作》，让我们对高校的职能、国家交流与合作的意义和途径等有了新的认识。李俊峰教授讲解《高校治理结构的重点和难点——清华综合改革院系交流》，提出"管理应利于师生成长""课比天大""多样性是团队合作的基础"等新理念，让人耳目一新。王占军教授的《地方高校发展战略与院校评估》，为地方高校的发展指明了方向，阐述了高校评估中需要注意的一些重点问题。谢维和教授的《一流大学建设与地方高校改革发展》，讲解了"双一流"对地方高校的意义，以及地方高校改革的着力点，使我们对"双一流"有了一个新的认识。韩锡斌教授的《教育信息化新浪潮中院校的着力点》，阐述了信息化在高校尤其是职业院校发展中的作用，并对信息化浪潮中诸如在线课程、混合式教学等一些热点问题做了客观分析，澄清了人们对信息化时代教学工作上的一些认识误区和困惑。韩教授还给每个学员赠送了《职业院校信息化建设研究导论》《迎接数字大学：纵论远程、混合与在线学习——翻译、解读与研究》两部著作，仔细阅读后认为其对于指导我国的信息化教学工作具有重要参考价值。周光礼教授讲授的《科教融合与项目式教学——通过"做研究"提升学生能力》课程，让我们对教学与科研的关系有了一个全新的认识。清华大学教务处副处长苏梵的《清华本科教学组织实施评价》讲座，通过手机"雨课堂"的方式进行，让人耳目一新。

四是更新了理念。通过聆听讲座，在大师们的思想启迪下，我脑海中产生了诸多思想火花，有了许许多多的感悟，它们成为指导自己工作的宝贵理念。现将自己思考提炼的一些主要观点梳理归纳如下：

（一）关于什么是大学，以及大学的使命的观点

1. 大学乃大师育才之谓也。原清华大学校长梅贻琦："大学者，非谓有大楼之谓也，谓有大师之谓也！"其教育思想：通才教育，教授治校，学术

自由，大师办学。原清华大学校长蒋南翔关于大学的定位：办学要讲"方向"，讲"质量"，把学校办成教学、科研、生产相结合的基地，培养"又红又专"的人才，大学教育应以质量为主，数量为辅。原北大校长蔡元培先生："大学者，研究高深学问者也。""教育之道，学生为本"。大学之大，大在学生，只有学生大了，才能成就大学之大。在大学，学生最大，一切学校资源应该向学生倾斜；一切工作重心，应该围绕学生展开；一切教育目标，应该服务于学生的身心健康和全面发展。因此，"所谓大学者，非谓有大楼之谓也，亦非谓有大师之谓也，乃有大学生之谓也"。

2. 大学的根本任务、本质功能是培养人才。党的十八大提出的教育方针：坚持教育为社会主义现代化建设服务、为人民服务，把立德树人作为教育的根本任务，全面实施素质教育，培养德智体美全面发展的社会主义建设者和接班人，努力办好人民满意的教育。高等教育的任务是培养具有创新精神和实践能力的高级专门人才，发展科学技术文化，促进社会主义现代化建设。

3. 大学的职责和功能：培养人才，发展科学研究，服务社会，文化传承与创新，国际合作与交流。

4. 大学作为高等教育机构，所开展的科学研究必须与培养人才的第一使命相结合，大学的核心任务是育人。教师是代代相传的火种；学生是燎原的创新的火炬；教育是人才培养的长河。

5. 培养好人才的大学就是好大学。人才培养始终是高校的根本任务、基本功能、重要使命和关键环节。学校领导层对人才培养的宏观理念与中观领导方法，对学校人才培养的长远影响是学校百年树人的宏伟基业。在此基础上，才有好的教育实施。

6. 校园文化建设要围绕教风和学风来进行。大学进行教学改革，离不开有使命意识的大学文化。大学的核心使命是传播和发展科学并通过传播和发展科学为人类、为国家、为社会做出应有的贡献。没有这样一种坚定的使命选择，大学就不会有敬畏科学、忠诚科学、信服科学、遵循科学、探索科学、发展科学、维护科学的坚守，就不能形成坚定的、明确的、符合大学发展逻辑和规律的目标和追求，就难以抵制并可能屈服于外部社会各种利益的诱惑。要打消办学的功利化倾向，处理好质量与数量、经济利益与社会效益的关系。

7. 大学不但要有大师，还要有大爱。大学的包容性体现了"有大略者不问其短，有厚德者不非小疵"的博大胸怀和学术自由的大学原则，而且也体现尊重知识、尊重人才、尊重学生、有利于学术发展、人才成才的人文环境。

（二）关于高校核心竞争力以及教师重要性的观点

1. 影响高校核心竞争力的要素有战略、人才、资金，三者之中人才是最关键的因素。

2. 学校的核心竞争力在哪里？答案一定是教师。

3. 教学改革的主体是教师，提升教师的业务水平和责任心势在必行。

4. 教师的教学、学术水平和责任心是影响教学质量和人才培养水平的关键因素，高素质的师资队伍是一所大学核心竞争力的主要指征。

5. 职业教育师资队伍建设是影响职业教育质量和可持续发展的关键因素，师资水平的高低，直接决定了职业教育质量的优劣。职业教育师资队伍方面存在的主要问题是：数量不足，结构不合理，管理不完善，缺乏完整、科学、可持续的教师专业发展和培养体系，等等。

6. 教师的责任是知识传授、能力培养和价值（素质、人格）培育的"三位一体"。

7. 一流大学的一流教师，首先应该是一个充满激情的会上课的教师。

8. 多样性是团队合作的基础。"十全十美者，实属难得人才"，"不全一美者，或为杰出人才"。学校要让教师有成就感，要让老师体会到教学的乐趣。

（三）关于办学质量和人才培养的观点

1. 高校必须重视质量，不重视质量就会被淘汰出局。

2. 质量的保障主体是学校，应放在学生发展上，保证所有学生都达到培养目标。

3. 质量保障是高校人才培养的底线，高校必须建立质量保障体系。教学管理：制度守底线。

4. 学校要让学生看到希望。以学生为本要体现在具体行动上，体现到一点一滴工作上。比如图书馆24小时开放，吸引学生去泡图书馆，师生就餐时间的交叉安排，重视体育活动，开展课外辅导，等等。

5. 要将学生的成才作为出发点和落脚点，要让每一个学生都达到培养目标。要将以教师为中心全面转为"以学生为中心"。

6. 高校的教学管理应有利于师生成长，守护成长环境，提供成长支持，引导成长方向（实现单位成长方向与个人成长方向契合）。

7. 培养学生"把读书作为生活的一部分"的理念。

8. 教师应当把发现、培养、扶植优秀学生视为教师的天职。著名物理学家任之恭先生说："我觉得教育者和研究者的真正报酬来自看到青年的天才和心灵在丰沃的土壤上开花结果。"

(四) 关于教学的重要性的观点

1. 课比天大。作为教师，上好课是比天还大的责任。教学比科研难做。大学教师应做好的工作：一是认真教学，通过教学帮助学生全面成长；二是潜心学术研究（所有学科都应有学术研究）。

2. 对教学的重视，永远是第一位的认识。教学在校长方面，是一种战略选择，是一种思路。校长要为教师做好服务。高质量的教学：工作量是必要条件，教师的热情是充分条件。

3. 大学进行教学改革，离不开有使命意识的大学文化。

4. 相互听课是高校学术规范，可作为高校的规定动作（谢维和）。

5. 教学和科研同等重要。科研的育人性与教学的学术性。大学科研具有育人性。科研育人主要是环境育人和过程育人。科研育人不是研究性大学的专利，地方大学也可以开发一些替代的模仿真实情景的虚拟科研项目。科研成果不仅要转化为专利，还必须源源不断地转化为课程。大学教学本质是一种学术活动，教师的教学成果应该纳入学术范围。学术成果分为发表的和未发表的，学术活动、指导论文、教学大纲、高水平试卷、教学方法、教改论文等都是学术成果。

6. 科研像狩猎，教学像家务活，学生是"煮熟的鸭子"（清华航天航空学院党委书记、教授、博导李俊峰）。

7. 教学应该回归常态，避免展演、作秀。课堂不是论坛，不是讲座；课堂不是老师自编自演，而是师生交流互动。课堂应回归学堂，达到学以致用。

8. 教师把教学降低到不出事故的地步。要让老师成为自己教学的研究者，给学生讨论交流的机会。教师应该思考教学，启发、点拨学生。

(五) 关于"双一流"以及建设一流大学的观点

1. "双一流"不仅仅是985、211等综合大学的事，在"双一流"建设中，地方高校也是有作为的。"双一流"不是若干所高校的事情，而是全国高等学校的事情。

2. 一流是水平概念，不是层次概念。一流包括高层次，但不仅仅是高层次，低层次也有高水平，高层次也有低水平。

3. 一流大学要有一流的学生、一流的教师、一流的学科、一流的学派、一流的教研管理体制、一流的教育大师。

4. 只有培养出一流人才的高校，才能成为世界一流大学。一流大学应该是国际国内优秀青年向往的地方（原清华大学副校长谢维和）。

5. "双一流"的内涵：2015年8月18日，实现高等教育大国到强国的转变。核心：中国特色，世界一流；根本：立德树人；战略：支持创新驱动发展；导向：服务经济社会发展；目标：加快建成一批世界一流大学一流学科，提升我国高等教育综合实力和国际竞争力，为实现"两个一百年"奋斗目标和中华民族伟大复兴的中国梦提供有力支撑。

（六）关于办学定位、办学特色的观点

1. 办学定位、培养目标是高校评估中出现问题最多的，也是学校领导最纠结的环节。

2. 人才需求的多样性决定了分类与分层是不同高校明确发展定位与人才培养目标需要考虑的问题。

3. 人才培养目标是教育的出发点和归宿，职业教育人才培养目标是其人才培养模式选择、课程体系建设、教学内容组织以及人才培养评价标准等的基本依据。职业教育人才培养基本定位是技术技能人才，职业院校办学的基本定位是为国家进行技术技能积累。

4. 高校要重视内涵建设和特色发展，内涵建设是特色发展的核心要素，特色发展是目标导向。如何办出特色，关键在于科学合理准确的办学定位和办学目标，抓住了这个"牛鼻子"，办学特色也就自然形成了。

5. 地方高校要解放思想，转变观念，战略谋划，主动适应，在发展上做文章，在教学上下功夫。

6. 地方高校发展应服务地方，扎根基层，突出应用，面向社会。

7. 地方高校领导要有国际视野、本土情怀，应该站在国家层面和战略高度，围绕服务国家战略，分析国家对该类高校发展的定位，结合国家、本省需求和行业的特点，从满足地方需求和人才培养规律及特点出发，在分析现有办学优势、劣势的基础上，充分发挥国家、区域、学校各种资源优化配置的整体优势，因地制宜地形成各自特色化的人才培养模式，确定地方高校的发展目标和办学定位，谋划学校内涵建设的切入点，达到学院发展与地方建设互利共赢。

(七) 关于深化教学改革的观点

1. "大学的改革最重要、影响最深远的还是教育教学改革。教育教学有两件事情是最重要的。第一，教育过程之中的改革，改革什么？要真正把学生放在教育的中心，增加学生的自主权，让他们有选择的余地，这是一个最重要的环节。第二，我们培养什么，知识肯定不应该放在第一位，能力也不应该放在第一位。清华大学提出的教育教学改革，培养的模式是'三位一体'，有知识、有能力和价值塑造，应当放在第一位的是价值塑造。价值塑造是最重要的，它从根本上影响学生的成长。能力重要、知识重要，但是最终能不能承担社会责任，能不能做出大的贡献，还是在价值引导上。"（清华大学邱勇校长）

2. 教学改革的途径："第一，加强专业建设。人才培养的平台是专业，地方高校应重视专业建设，而非学科建设。第二，加强课程建设。扩大课程总量，让学生有更多的选课机会，可设选修课。引进学程，一门课可以开8周，不一定开一个学期，可以分组学习，适应个性发展。多学科交叉。第三，改进教学评价。倡导老师之间互相听课、评课。第四，教师要有自信，要解放思想，要有自我革新的勇气和胸怀。"（谢维和）

3. 传统的传授式教学以教师的认知习惯为准则，而不是以学生的认知规律为准则，它只能教给学生认知和模仿，而不能培养学生的创新能力。职业教学的着力点应放在学生能力的提升上。

4. 混合教学模式（翻转课堂）是比在线教学更科学的教学方法。其概念：依托先进的数字校园，使教学过程——线下教学（面授教学）与线上教学（优质网络教学）相结合，根据学生特点达到合理的学时分配，突出"以学为主"。混合教育是面向学生的，从根本上体现了"学生是学习的主体"这一思想，从注重知识传授向注重能力培养转变。它回归教育本质。单纯的在线课程效果不好掌控。混合教学的"四环节"：再现，体验，反思，呈现。混合教学"七要素"：教师，学生，学习环境，学习内容，学习方法，学习反馈，学习目的。

5. 大学教学模式应当多姿多彩。微课、微博、微信、微电影、微访谈、微技能、微讲座只是短小的知识片段，探究性、基于设计的课程只适合用慕课、多媒体。慕课很重要，但不是全部。未来教学模式的目标是重构传统面授教学，融合创新数字化教学，实现面对面教学与在线学习两者的优势结合。

6. 职业教育中的教学，要通过深化产教融合，突出"做中学，做中教"，要强化教学、学习、实训相融合的教学活动，坚持教育教学与生产劳动、社会实践相结合。教育信息化为职业教育提供真实、仿真的教学设施或教学环境，让学生通过"做中学，做中教"，真正把教、学、做统一起来。因此说，职业教学一定要在训练中、操练中学。理实一体化教学是职业院校最根本的教学方法。陶行知也曾说过："教学做合一，手脑并用。"

7. 现代学徒制：又称"双元制""新学徒制"。这是一种校企合作、工学结合、订单培养模式，学校与企业签订用人合同，共同制定培养方案，毕业与上岗"零过渡"，提高就业率。要求受教育者每周 3.5 天时间在合作企业进行实践，1.5 天时间在学校接受专业理论教学，招生及教学计划的制定需要能够满足企业的需求，注重技术技能培训。考试方面校内理论课程占 30% 左右，工厂或公司技能实训达到 70% 左右。

8. 课程的要素不在类型在规模，小班教学容易出成绩，师生参与分组开展探讨式教学。课堂设计是重点，课堂讨论是核心，要注重学习方法的总结。

(八)关于教育信息化的观点

1. 信息化对职业教育带有变革意义的推动。信息技术对职业教育人才培养模式、教学模式的影响，不再是过去那种"零打碎敲"式的、细枝末节的修修补补，它不仅仅是作为工具、手段、途径、方法等形式方面的表现，而是对职业教育人才培养模式的系统性变革。

2. 我们身处互联网时代，信息技术改变了生活、工作和学习方式，赋予教育新的内涵和要求。大多数学校还未认识到我们所处的时代，教师应当付诸行动。第三次工业革命时代已经到来，互联网、大数据、智能化等电子信息技术发展突飞猛进。当前中国正处在产业转型升级时代，互联网正在重新定义制造业，研发、设计、生产、销售、服务等行业面临重构。全球化、信息化、数据化、智能化是未来生产制造车间的主流技术，人才培养工作应该顺势而为。

3. 不是学生不学习，而是学生不愿意被动接受教师对知识的灌输，教师需要重新审视自己的教学方法，"黑板＋粉笔＋PPT"的方式已经无法满足当前学生学习的需求。教师应该思考教学，思考怎样做教师，思考怎样备课。

4. 职业教育信息化的关键是课程和实训教学的信息化。在课程和实训教学信息化的推进中,教师的信息技术应用能力、主动创新和教育观念是否到位,对课程和实训教学起着难以估量的影响和作用。

5. 与普通教育存在很大不同,职业教育是就业导向的教育,是以人为本的教育,是"跨界"创新的教育。根据专业面由窄在向宽变化的趋势,开设专业及教学工作应该及时做出调整。

6. 现代职业教育体系的五大基本特征:一是以就业为导向;二是建立系统化的技术技能人才培养体系;三是将产教融合、校企合作贯穿体系建设的全过程;四是构建开放立交、内外衔接的人才成长"立交桥",以满足对人才的需求和学习者职业发展为目标;五是充分发挥市场作用,充分调动社会资源。

7. "互联网+"时代职业教育的人才培养,除了需要具备基本的"基础知识与专业技能融合"的综合素质,还要掌握适应信息时代的必要的职业技能和ICT(信息与交流技术)素养,成为"专业知识、职业技能、信息技术"三位一体,"专业知识与职业技能融合、职业技能与信息技术融合"的高素质技术技能型人才。

8. 西部地区职业院校教师教学过程中使用的教学工具比较传统,教学手段滞后。在教学中普遍停留在利用PPT教学和网络获取教学资源的初级阶段,利用网络开展电子书包教学、撰写教学日志、网上测试、答疑等教学手段并未应用于教学。

(九)关于清华历史与清华精神的观点

1. 清华的历史有多长?1911年,清华学堂正式成立,当初为留美预备学校;清华的历史促使清华的学子比别的学校的学生产生更多的忧国情怀。历史选择了清华,清华人要承担振兴中华的责任。

2. 时代变迁、个人努力和学校影响密不可分,这是清华造就较多政治领袖的原因。

3. 清华历史体现中国知识分子的良知和担当。清华的历史是中国争取学术独立的历史(谢维和)。"清华大学的成长,是中国近代学术独立自主的发展过程的标志"(冯友兰)。

4. 清华大学与北京大学等校一起,一直是中国现代大学建设的排头兵。清华大学成为中国当代高等教育的一个"标杆"。

5. 清华校训:自强不息,厚德载物。出自"天行健,君子以自强不息;

地势坤，君子以厚德载物"。

6. 对清华精神的思考：英才半国；名师荟萃；人才辈出；学风严谨；底蕴深厚；经济实力雄厚。

7. 清华精神对中国大学建设的意义：明耻与自强（动力）；独立与会通（理路）（古今贯通，中外荟萃，文理兼容）；科学与实干（方法）。清华的精神是实干（朱自清）。清华是红色工程师的摇篮。

8. "育人、爱国、奉献、责任"是清华精神之精髓。

五是增强了行动。这次学习的收获很大，但最大的收获是在今后的办学中要秉承清华精神，牢记"自强不息、厚德载物"的校训，发扬"行胜于言"的校风。在今后的办学实践中，我们要努力做到以下几点：

第一，切实更新办学理念，创新教学管理，建设良好学风、教风和校风，打造独具特色的校园文化。

第二，进一步明确职业院校的办学定位和人才培养目标，深化教学内涵建设，打造办学特色。

第三，尊重知识，尊重教师，促进教师专业发展，调动全体教师积极性，提高学校的人才培养水平和核心竞争力。

第四，完善学校信息化建设规划和数字化校园顶层设计架构方案，通过信息化加快教育现代化，改革完善人才培养模式和教学模式，调动学生学习的积极性、创造性，促进学生个别化学习和职业发展。

第五，围绕"能力本位、一体化教学、混合式职业培训"三大教学理念，探索创新信息化环境下职业教育的课程教学模式，进一步加强学生职业技能和职业能力的培养。

第六，弘扬中华优秀传统文化，将国学教育纳入课程体系，编印《国学知识》校本教材，开展晨读经典等活动。

第七，在教学活动中倡导引入碎片化的学习方式，以启迪学生的心灵，收获人生感悟，助推学生成长成才。

深入学习贯彻习近平总书记"七一"重要讲话精神 努力推动学院教育教学事业高质量发展

2021年7月1日,党中央在天安门广场隆重举行庆祝中国共产党成立100周年大会,习近平总书记发表了重要讲话。总书记的重要讲话,彰显了党的伟大力量和蓬勃生机,彰显了大国气势、民族气概,令人心潮澎湃、倍感振奋。作为职教工作者,我们要深入学习贯彻习近平总书记"七一"重要讲话精神,努力推进学院教育教学事业高质量发展。笔者有三点学习体会。

一、把学习"七一"重要讲话与党史学习教育相结合,进一步增强党员干部"不忘初心、牢记使命"的使命感和责任感

"七一"重要讲话是中国共产党百年发展历程的历史纲要,也是党史学习教育的重要教材。"七一"重要讲话提出了以史为鉴、开创未来"九个必须"的根本要求,向全体共产党员发出了催人奋进的伟大号召,吹响了坚持和发展中国特色社会主义、向第二个百年奋斗目标进军的号角,为奋进新时代、走好新征程指明了前进方向,提供了根本遵循。我们要加强学习、深刻认识,一百年来,中国共产党团结带领中国人民,进行了开天辟地、改天换地、翻天覆地的伟大壮举,书写了中华民族几千年历史上最恢宏的史诗。深刻认识中国共产党的领导是中国革命、建设、改革、复兴事业的根本保证。作为党员教师干部,我们要更加自觉地增强"四个意识",坚定"四个自信",做到"两个维护",把落实立德树人根本任务、培养新时代社会主义建设者和接班人作为自己的崇高使命和义不容辞的责任。我们要在政治上、思想上、行动上与党中央保持高度一致,弘扬南梁精神,永葆忠诚本色,把对党的赤胆忠心融入建设中国特色社会主义,融入全心全意为人民服务,融入实现中华民族伟大复兴的中国梦的伟大事业和实践中去。

二、深刻认识伟大建党精神是我们党的精神之源，大力弘扬光荣传统、传承红色基因，落实立德树人根本任务

习近平在庆祝大会上的讲话指出，一百年前，中国共产党的先驱们创建了中国共产党，形成了坚持真理、坚守理想，践行初心、担当使命，不怕牺牲、英勇斗争，对党忠诚、不负人民的伟大建党精神，这是中国共产党的精神之源。习近平总书记关于伟大建党精神内涵的科学概括，完善和丰富了中国共产党革命精神谱系，为新时代弘扬光荣传统、赓续红色血脉提供了行动指南。其中，坚持真理、坚守理想，是中国共产党的思想精神之魂、之根、之本；践行初心、担当使命，是党的奋斗目标和前进动力所在；不怕牺牲、英勇斗争，是中国共产党最鲜明的风骨和品质、特质和特点，是一往无前、不可战胜的强大思想力量；对党忠诚、不负人民，是中国共产党人的首要政治品格、根本政治立场。我们要深刻理解把握伟大建党精神的深刻内涵和时代价值，高举习近平新时代中国特色社会主义思想伟大旗帜，把伟大建党精神继承下去、发扬光大，做到始终忠于党、忠于党的职教事业，始终做到爱岗敬业、永远奋斗，在平凡的工作岗位上创造不平凡的业绩。

三、坚持学用结合、知行合一，切实增强学习的实效，努力推动学院教育教学事业健康发展

我们要把"七一"重要讲话精神贯彻落实到教育教学的各方面、全过程，切实增强学习的实际效果，把学习"七一"重要讲话作为推动学院各项工作提质发展的强大动力。一是要同推进习近平新时代中国特色社会主义思想"进课堂、进教材、进头脑"结合起来，全面落实新时代党的教育方针，培养德智体美劳全面发展的高素质技术技能人才。二是要同深入贯彻落实习近平总书记对加快发展职业教育的一系列重要指示精神相结合，研究解决招生就业、"三教改革"、产教融合、提质培优、评价机制、创新创业、课程思政等学院目前面临的热点、难点问题，不断增强学院创新发展的驱动力。三要同党史学习教育结合起来，深入开展"我为学生办实事"实践活动，使师生明理更清醒、增信更执着、崇德更坚定、力行更自觉，以各项工作的新成绩、以师生的实际感受彰显学习教育成效。四要同贯彻党的十九届五中全会精神和落实学院"十四五"规划结合起来，立足学院发展实际，创新发展理念，全力做好改革、发展、稳定各项工作。五要同推进从严管党治党结合起来,坚决整治形式主义、官僚主义,激励党员教师干部担当作为,奋进新征程、建功新时代,谱写庆阳高等职业教育高质量发展的新篇章。

强化制度意识　提升高校治理能力和水平
——学习贯彻党的十九届四中全会精神学习心得体会

党的十九届四中全会通过的《中共中央关于坚持和完善中国特色社会主义制度、推进国家治理体系和治理能力现代化若干重大问题的决定》，是推进国家治理体系和治理能力现代化的纲领性文献。本次会议首次提出将制度优势转化为治理效能，提出了加强"系统治理、依法治理、综合治理、源头治理"的工作重点，这不仅有助于中国共产党在新时代更好治国理政，加速中华民族伟大复兴，也有助于依法治校、科学管理，为加快高等教育的制度建设提供了重要实践遵循。

一、坚持党对高校工作的全面领导，落实党委领导下的校长负责制

高校肩负着"人才培养、科学研究、社会服务、文化传承创新、国际交流合作"的重要使命，承担着"为人民服务，为中国共产党治国理政服务，为巩固和发展中国特色社会主义制度服务，为改革开放和社会主义现代化建设服务"的"四个服务"的重任。高校治理体系和治理能力现代化直接关系到"培养什么人、如何培养人、为谁培养人"的根本问题。深入学习贯彻党的十九届四中全会精神，推进高校治理体系和治理能力建设现代化，是当前摆在我们面前的重大课题。

坚持党对高校工作的全面领导，是新时代高校依法治校的本质要求。高校承担着为中国特色社会主义事业培养建设者和接班人的重要任务。坚持党的全面领导，有利于全面推进依法治校，推动实现学校治理体系和治理能力水平的提升。一是要明确坚持党委领导下的校长负责制是深入推进依法治校工作的政治保证。我国的高校是党领导下的高校，是中国特色社会主义高校，加强党对高校的领导，加强和改进高校党的建设，是办好中国特色社会

主义大学的根本保证。二是要明确坚持党委领导下的校长负责制是深入推进依法治校的法治要求。高校深入推进依法治校工作，全面贯彻《教育法》《高等教育法》，党委要切实履行法律法规赋予党委的"执行、培养、坚持、领导、加强、决定"的六大基本职责。要履行好"执行"职责，全面贯彻执行党的路线方针政策，贯彻执行党和国家的教育方针。

二、推进学校治理水平和治理能力提升，落实立德树人根本任务

依法治校是高校管理变革的必然趋势，是高校治理水平、治理能力走向科学化、制度化、现代化的必由之路。作为肩负立德树人的根本任务的高校，必须按照习近平总书记强调的"把立德树人、规范管理的严格要求和春风化雨、润物无声的灵活方式结合起来"的要求，全面推进依法治校，落实立德树人的根本任务，规范学校各项规章制度的建立和执行，在依法依规的实践过程中实现管理育人的进步。一是要以高校章程为龙头，形成制度的体系化。大学章程对于大学而言，就如同宪法对于国家一样。章程就是学校的根本大法，其上承国家法律法规，下启学校规章制度，是学校特色优势和办学传统的充分凝练和反映，是对学校"根本制度、根本方向、根本任务"的规定，是学校依法治校的重要遵循。学校章程规定的根本内容大多是原则性的，要让章程的内容真正落地，就必须建立一整套以章程为基准的制度体系。二是要发挥制度的良性效应。学校推进依法治校，必须提高所制定的各项制度的质量，确保制度是良性的，确保各项制度能够有效衔接，才能真正管用。学校的制度应当是能被师生员工所认可的，在制定和完善相关制度时应当坚持以人为本的原则，使制度体现师生员工的意愿、反映师生员工的诉求、维护师生员工的利益，师生员工能够发自内心地接受、自觉地按照制度的要求去落实。三是要体现制度的严肃性和权威性。制度的生命力来源于其执行力，只有严格地执行各项制度，它的存在才有意义。四要落实课程思政工作，构建"三全"育人格局。习近平总书记在全国高校思想政治工作会议上强调，"其他各门课都要守好一段渠、种好责任田，使各类课程与思想政治理论课同向同行，形成协同效应。"高校党委认真学习领会四中全会精神，落实习近平总书记讲话精神，坚守为党育人、为国育才的初心，紧扣立德树人根本任务，结合主题教育活动开展"课程思政"建设专题研讨会，各教学单位围绕推进思政课程和课程思政建设，把四中全会精神及时准确融入思政课教学中去，发挥好思政课这个主阵地、主渠道的作用，认真抓好四中全会精神进教材、进课堂、进头脑工作。全体教师都要以德立身、教书育人，帮助学生深入了解中国特色社会主义法治道路和法治体系，将社会主义法治教育与社会主义核心价值观培育相结合，引导学生弘扬社会主义法治精神，提高法律素养，引导学生树立政法学子的使命感、责任感和荣誉感。

三、加强高校制度文化建设，彰显办学特色，提升育人水平

常言道：一流学校的管理靠文化，二流学校的管理靠制度，三流学校的管理靠校长。高校之间的竞争最终将会演变为文化的竞争，唯有文化的发展才是真正的特色发展、可持续发展。学校制度文化作为学校文化的重要组成部分，是处于核心精神文化和浅层物质文化之间的中间层文化，它不仅是维系学校正常秩序必不可少的保障机制，也是学校文化建设和学校发展的保障系统。

学校制度文化，即由学校制度所承载、表达、衍生和推动的文化，它是一所学校渗透在体系架构、规章制度、工作流程、岗位职责中的价值观念和风格特色，也是在生成和执行各类制度的过程中折射出来的价值取向和行为准则。学校制度文化是有形的制度与无形的价值的有机结合，一方面以有形的制度作载体，一方面以无形的价值在学校的诸多领域体现出来，不仅体现在制度本身，而且通过制度实施，体现在一切结构、组织、形式、过程、方法、技术、行为方式、人际关系、心理氛围之中，学校制度文化越完善，无形价值在上述各领域的体现与制度所承载和推动的文化越趋同。

高校制度文化建设，主要应做好两方面的工作，一是确保制度的优质生成，二是确保制度的高效执行。制度生成是基础，制度执行是重点也是难点。学校制度的建立完善，应在学校精神文化的指导下，继承、改良、新创并举，可以继承的批判地继承，需要改良的精心改良，一片空白的创新制定。在制度文化建设过程中，需要做好以下工作：一是加强教育培训，宣传造势，营造氛围，进一步提高师生员工乃至社会各界对学校制度文化的认同感和理解力；二是树立制度权威，规范公正、高效的执行制度；三是在扎实推行正式制度的同时，深入分析并引导非正式制度向正式制度的规则和价值取向靠拢；四是领导带头执行制度，同时大力表彰执行制度的先进典型，以增强制度对师生的说服力和感染力。

学校制度文化建设是学校文化建设的关键一环。我们一定要高度重视学校制度文化建设，集中精力做好制度的优质生成和公正、规范、高效的执行等工作，同时，在执行中注意把制度的刚性约束和人文关怀有机结合起来。全校上下要增强"四个意识"，坚定"四个自信"，做到"两个维护"，不断

健全完善学院各项规章制度，带头维护制度权威，做制度执行的表率，带动师生员工自觉尊守制度、严格执行制度、坚决维护制度，确保中央和上级部门决策部署在学校落地生根、开花结果。

心怀职教梦想　同舟共济前行
——参加同济大学"卓越校长"培训班学习心得体会

2018年1月13日至25日，笔者有幸参加了甘肃省教育厅在同济大学职业技术教育学院举办的甘肃高职院校卓越校长培训班的学习。通过本次培训学习，我开阔了眼界，拓宽了思维，加深了认识，明确了短板。让我深刻体会到，校长在学校管理中担负的重要作用，进一步认识到加强产教融合、构建新时代职业教育人才培养模式的紧迫性，加深了对学校管理、教学支持、专业建设、人才培养等一系列问题的理解，进一步坚定了谋划和发展职教事业的社会责任心和历史使命感。现就我的学习感悟和认识体会总结梳理如下。

一、专家的新观点、新理念

1. 职业院校校长应该既是教育家，又是政治家、企业家和社会活动家。（王继平）

2. 一所好学校的首要标准是什么？一批好学生，一个好环境，一种好专业。（邬宪伟）

3. 办好一所职业学校的切入点在哪里？（邬宪伟）

（1）课程体系建设（一定要有一个以上的好专业，一定要有一套好的课程）；

（2）教学团队建设（一定要有一支好的师资队伍，一批好的专业带头人，一群好伙伴；团队建设的目标氛围是：给希望，让人人有压力，人人有动力，人人有能力；队伍建设的抓手是：目标引领，规划到人，措施到位）；

（3）校企合作机制建设（一定要有一套好的校企合作机制，职业教育与经济社会同步发展）。

4. 关于课程体系建设。（邬宪伟）

（1）开设专业的依据（专业设置的原则）是什么？

一看当地的劳动力市场（而非生源市场）；二看转移的劳动力市场；三

看高移的劳动力市场（就业、升学、创业）。

（2）怎么设置课程（课程开发的基本原理）？

课程是学生人生的跑道。要让学生经过职校培养成为社会人（企业）。

根本：立德树人；宗旨：服务发展（服务经济发展，服务学生终身发展）；导向：就业。

职校课程面临的问题课程模式：1）学科模式（综合课程，从因为——所以）；2）活动课程（模块课程，核心课程，重体验）。内容选择的重点：1）技术发展的量子效应。课程改革的动力、阻力在哪里？在骨干教师。哪些课程应该删除？过时的课程，比如珠算。学会舍弃内容，舍弃才是水平；2）个体发展的动力效应；3）职教发展的同质效应。

（3）如何教好学生是关键。

教师要改变立场；校长要改变考场；社会要改变磁场（社会地位）。

5. 构建教育强国的目标愿景：中国特色，世界一流。（周稽裘）

中国特色：党的领导，立德树人，人的现代化，社会主义道路和制度，观念层面的现代化。

世界水平：联合国 2030 目标（公平教育，大众教育，终身教育）。

6. 人才培养的质量问题。（周稽裘）

双创人才培养的基础在于通过通识教育培养学生的创新思维；复合人才培养的途径在于跨专业融合；高技能人才培养的重点不在显性知识层面，而在内生力、建模力培养。

7. 课程教学方法的改革首先应有助于学生实践动手能力的培养。（徐小平）

8. 技能水平高的人为什么得不到领导的重视？（徐小平）

首先要从技工自身找原因，学会如何处理好人际关系。对职场的理解：领导看重一个人的技能，是技工最大的幸福。

9. 中国制造需要什么？（徐小平）

（1）文化：是品牌的基础，文化就是习惯；（2）内容：包含标准和质量；（3）品牌：文化催生品牌。在学生培养方面应该加强文化教育。

10. 技能人才培养的目标：综合能力过硬，专业能力出众，要求在熟知广泛知识的基础上，具备一项与众不同的技能特长，努力成为某一领域的专家。

11. 如何培养学生的创新进取精神？（徐小平）

（1）锻炼突破自我的勇气。创新意识从哪里来？追问题—知不足—勤学习—先模仿—后出新—多总结—提方案（以简单为本，以借鉴为先，以出新为异）；

（2）培养破解难题的能力；

（3）在引进中学习，在实践中超越。

12. 工匠精神的内涵。（徐小平）

精神：指内在的能量；文化：指外在的表现；悟性数据兼备。没有精神的文化不称其为文化，没有文化的精神是纯粹的理论。

三会文化：会研究工艺，会制作工具，会制定标准。

13. 关于一流专业。（董大奎、姚大伟）

（1）一流办学质量的标准：一流的条件（综合实力），一流的教学，一流专业，一流的师资队伍，一流的人才，一流管理，一流的成效（服务贡献力），一流的国内外影响力。

（2）一流专业与示范专业、品牌专业、特色专业的区别。示范专业：规范，可复制；品牌专业：历史久，影响大；特色专业：人无我有。

（3）建设途径：1）大师工作室。要有实质运行的内容：促进专业教学与建设，提升师资水平，服务人才培养，推进校企合作，开展技术开发与社会服务；2）生产性实训基地。校中厂，厂中校，教学功能，生产功能，培训功能，研发功能；3）技术协同创新中心。创新是核心，协同是保证。打造一个新技术、新产品、新工艺的研发中心，有教授、有专家、有学生、出人才、出专利、出成果。4）现代学徒制。核心是现代，根基是学徒制。特征：招生即招工，上课即上岗，毕业即就业。学生双重身份，双主体育人。

14. 关于专业群建设。（董大奎）

高校的专业是社会分工、学科知识和教育结构三位一体的组织形态，三者缺一不可，共同构成高校人才培养的基本单位。

专业群与骨干专业建设的关系：升级版，高水平。

目的意义：更好地服务产业转型升级发展及新业态；满足学生多样化学习，促进全面发展，有利于跨专业学习，培养创新能力，复合型人才；发挥专业群优势与聚集效应，契合、融入、服务产业发展；带动学校与教育资源优化配置，优化专业结构，提升服务能力。

内涵要求：由3个以上专业组成；有一个核心专业；专业之间有密切的相同、相通、相近、相关和共享关系；形成各个专业共享的平台课程；专业群精密对接产业（群）或职业岗位群。

本质特征：外接产业链（岗位群），内联平台课程。

作用与效应：专业间实现互为支撑，良性互动，共同发展。

建设专业群的方法：科学论证，合理布局，有序推进，做好顶层设计；将专业群建设融入产业发展，培养高水平的专业带头人（专兼职教师）；建设新型共享课程体系及教学资源；建立协调发展机制；建立校企深度合作机制；共享平台课程与专业核心课程资源。

15. 什么是专业特色？（陆靖）

只有比较才有特色，特色是优势专业的体现，是专业开设的不可替代性。

传统教法重视讲授知识点，不重视价值观的塑造。知识点不是教学重点，只是载体。创新思维没有标准答案。毕业论文作为对人才培养水平的体现，应该有规范标准。

16. 专业建设的途径。（陆靖）

（1）制定专业人才培养方案。首先把培养什么样人这个问题想明白，体现在培养目标上。所有专业拿什么证书必须明确，要体现在人才培养方案中。

（2）抓好课程体系建设。

（3）开展顶岗实习、培训。

什么是教育的境界？寒暑假是学生的假期，不是教师的假期，而是教师的培训期。

信息化手段能够给教师带来什么？职校教师应该心灵手巧，信息化对教师的培养作用有局限性，应该重在实践，反复体验，积累经验。

17. 什么样的职业教育才是社会所需要的？（潘家俊）

要悟大道，求发展，抓机遇，抢弯道。

（1）适合的教育才是最好的教育。何为适合？从个体角度讲，要适合学生；从教育的对象来说，要适合社会；从地域来说，要适合地方、适合国家。这意味着我们要把教育放在现代化进程中去办，与国家发展战略相匹配。适合的教育就是当下的或即将到来的教育。适合教育的核心是发现差异，把满足选择作为教改的重点，让每个学生都得到充分的发展。

（2）教育的四大支柱：培养学生四个能力，即掌握学习的能力，做事的能力，共处的能力，做人的能力。

（3）重新认识职业教育。质量标准要多样。职业教育的社会需求和学生的需求是多样的，学生基础参差不齐，为帮助人人成才，必须对质量标准做多样化设计。多种质量标准，多元成才路径，体现多样化特征，满足多样化需求。思政课不是单纯的知识课程，不是应试教育，不存在学生考试不及格的问题。体育课包括人体结构、健身本领、心理健康，不属于知识课，不存在大面积的考试不及格，对于体质缺陷者可以免修。学习过程要有弹性。目前刚性太强。五个对接难以体现。教学过程要包含多种选择和变换选择的可能性，要打破专业界限，实现学生的跨界培养。人才培养要建立相应机制。应设计更多的学习模式。能否做到这一点，是面对职校学生教学成败的关键。学习选择要有自由。学习选择的自主性决定了学习者的自我负责精神，进而决定学习的积极性和主动性。要设计更多的学习模块，供学生自主选择，把学习的责任还给学生，激发学生学习的积极性。

（4）重新构建人才培养模式。学校的产品不是学生，而是课程，每个教师应该教会至少一门课程。能力本位训练教材是职业院校的建设关键。第一学年学生可以不分专业。

（5）重新建设教育教学生态。职业教育重在培养学生的综合能力，技能培养是培训机构就能完成的。

18. 如何将素质教育融入专业教学？（潘家俊）

所有课程都要建立德育目标。实现从思政课到课程思政。

关于大思政教育体系的构建。第一，大思政教育体系的成功，依赖于科学理念的建立。现在的误区是：每节课前讲3至5分钟思政课程不属于把思政融入教学全过程。习近平总书记说思政工作要做到盐溶到汤里。第二，大思政教育体系的成功，关键在教师。每个老师都肩负育人职责。每门课程都要有育人功能。要求教师视野开阔，文理结合，中外贯通，古为今用，要求教师具有更高的与学生交流的能力。第三，就高职院校而言，这方面的工作任务更加艰巨。要求党政、教学、学生等各方面整合资源，统筹安排，集全校之力，立规建制。教育不是单一的知识传授，而是双向的交流。灌输不解决问题，应该教学生怎样学习。

19. 关于产教融合的若干思考。（潘家俊）

产教融合是新时代职业教育的基本特征。产教融合是国家战略，其核心是要让企业成为办学的主体。

新兴产业发展对人才的创新性、实践性需求日渐渗透到人才培养的各个环节。目前的产教融合处于浅层次、自发式、松散性、低水平状态，应进行专业的交叉融合，建立需求导向的人才培养结构调整机制。

产教融合的路径：（1）建立紧密对接产业链的专业体系（如电子商务专业）。（2）产教融合在学校侧的基本标志是教学标准，工作环境，产业活动。（3）现代职业教育是面向未来的专业教育。（4）职业教育终将"回归职场"。新时代的职业学校的优劣，主要不在于学校有多大规模、多少专业、多少奖牌，而在于产教融合的深度，在于行业企业主体作用发挥的程度，在于专业与产业对接的厚度，在于企业（用人单位）对毕业生的评价。职业教育的教学标准来自行业企业，评价标准来自行业企业。（5）好的职业院校应该是跨企业的培训中心。斯坦福的腾飞启示：不进纸质图书，不购电子图书，教师给学生提供电子图书目录；腾出图书馆，让企业进校。实训楼不搞课堂教学，引入企业。

20. 怎样摆脱职教困境？（姚大伟）

育人理念要更新。关注学生职业生涯和可持续发展，培养复合型人才；多样化选择，多路径成才；由被动接受到主动探究。

重新认识我们的学生，重新认识职业教育之路，与本科展开错位竞争；重新设想教学和学习。专业界线过于明晰，不利于复合型人才培养。课程设置要凸显信息能力培养。

高职学生应该具备岗位迁移能力，需提升岗位群和职业链的适应能力，可持续发展能力。根源在于教学。专业复合，课程思政。教学手段应该融入"互联网＋"模式，营造数字化学习环境，开展合作学习，混合式学习。

21. 方法比知识更重要，思路比结论更重要，问题比答案更重要，体验比比较更重要。（翁孝川）

22. 职校学生上课睡觉难道不是教师的问题？老师应该自省，要因材施教，改进教学方法，让学生找到学习的快乐。教师要增强使命感，创造平台，使每个学生都得到发展。（翁孝川）

23. 什么是校园文化。（乔刚）

大学即文化，文化是发展的，文化是培育和塑造接班人的。大学文化是指学校追求的理想精神和学术传统。校园文化是着眼未来的，应服务学生长远发展。校训是一种文化，校训中一味地强调精技强技是不合适的。高职院校必须走产学研合作的道路，校园文化必须有特色，具有行业特质。

24. 一个人不成功是因为没有目标。在大学有明确目标的学生才有成功的可能。（梅泓）

二、学习感悟与启发借鉴

1. 硬件不足软件补，软件不足理念补。（翁孝川）

2. 如何办学？（翁孝川）抓住时代发展的机遇，激发内生动力（号召力、宣传力、活动力、执行力、学习力、内驱力）。

号召力是要让教师看到希望，看到变化。

向有话语权的人宣传学校；每项工作都有新闻点，中层干部应该创造性地开展工作；全方位地开放学校课堂；挖掘每一活动的创新点；宣传的方式可以学生为主，让学生宣传学校。

活动重在策划，全员参与，组织激活。活动在于过程，活动必须有教育意义。每个学生都要参加一个社团，让学生在团队中提振精神。

实施"四早工程"：早起床，早锻炼，早吃饭，早自修（早起、早练、早餐、早读）。

3. 关于职业教育的关键词（校园文化建设必要性）。（乔刚）

（1）构建现代职教体系。转变领导观念，尊重劳动。加强学校教育的基础地位，坚持文化课（高职占四分之一）和专业课并重，为学生长远发展奠定基础。不能把学校办成培训机构，不能单纯强调技能，真正的技能是在岗位上学的。要改革考试制度，学科性考试不适合职教。教师只会教教材，离开教材不会上课，专业教师不知道职业岗位标准，都会导致教学效果不佳。

（2）以促进就业为导向。职业教育应该面向未来，为学生终身发展服务，培养学生适应工作变化的能力。主要培养学生的职业素养（工匠精神），育人为先，能力为本，行动导向，面向未来。学校不建实训室，只建体验馆，最好的实训室在企业。

（3）以服务发展为宗旨。读职校的学生情商高，会做事。教师要让教法贴近学生，重视学生非智力因素的培养。教师的文化课不过关，就教不好专业课，是误人子弟。

现代教育的基本理念：重人文，重过程，以培养学生态度为核心，能力为关键，知识为载体。职业教育定位：让学生成为适应工作变化的知识型、发展型技术技能人才。

（4）促进产教融合、校企合作。

4. 校园文化建设的思路构想。（乔刚）

改革源自观念创新，实践创新需要精神引领。

以学生发展为本，构建其终身受益的素质教育体系；以校园文化建设为切入点，不断深化专业建设和教育教学改革；以课程为纽带，贯通第一、二课堂，积极创新人才培养模式；正确处理好三个关系：内涵建设与学校中长期发展规划的关系，专业教育与素质教育的关系，学校发展与教职工生涯发展和学生发展之间的关系。

5. 教师成长规划。（梅泓）

新任教师—合格教师—骨干教师—专业带头人—专家。

三、自我坚守与行动

（一）提升自身素质，做好助推学校长足发展的领头人

校长是学校的领导者、决策者和高级管理者，是学校领导集体的带头人。校长的工作对学校全局起指导、组织、协调和统揽作用。校长对学校的领导，首先是教育思想的领导、教学业务上的指导，其次才是行政管理。因此，校长必须有先进的办学理念和明确的办学思路。要把自己的办学思想贯穿于日常的管理活动中，用先进的教育理念去影响、带动教师，把自己的办学思想转化为教师的行动。同时，要注重办学经验的积累与扬弃，努力形成学校内在的精神积累和成功的管理理念。这是一所学校的无形资产和宝贵财富，更是学校品牌的意义所在。作为校长既要有教育家的视野，政治家的担当，也要有企业家的胆识，外交家的谋略。校长应该具备：一要更新教育观念。新科技革命催生经济社会的重大变革，现代教育的学习观、人才观、成才观已经发生了重大变化，树立以学生为中心的理念已经成为职教人的共识。校长应该明大势、谋大事，立足于服务经济社会转型升级和学生的个性发展、全面发展、终身发展，最大限度地开发师生的创新潜能，做好如何引领学校改革发展这篇大文章；二要增强学习本领。要当好一名校长，首先必须勤于学习。学习是最好的导师，不学习是落伍的象征。作为一名校长要认真学习党的大政方针和相关的教育法规和政策，做刻苦学习的典范，才能做到工作有思路，教学有创新，学校有发展。当今经济产业发展和教育形势变化日新月异，校长要站在教育改革的前沿，密切关注发展动态，加强学习，不断猎取新知识，促进学校管理工作能力与新形势相适应。党的十九大将"学习本领"列在全面增强执政本领的八项本领之首，足以说明学习本领的重要性。作为主宰知识殿堂的校长更要重视学习，强化理论武装，明确办学定位，理清办学思路。解决好为谁培养人，培养什么样的人，怎样培养人这些根本问题，要以强有力的思政工作促进教学质量的提高；三要具有创新精神。校长应当熟悉创新的理论和方法，立足创新，统揽全局，加强校企合

作，深化产教融合，提升人才培养水平和办学核心竞争力，让学校管理具有超强的生命力，让教师看到事业发展希望，凝聚教师办学力量，引领学校走可持续发展之路。

(二) 服务人才培养需求，打造过硬教学团队

在创新驱动战略下，注重师资队伍建设显得尤为重要。我对专家讲座中阐述的"好的学校一定有一支好的教师队伍"、教学团队建设、校园文化建设等观点印象深刻。对专家们一些好的理念进行了梳理，并将用以指导实际工作。我认为，不重视教师队伍建设，不培养"双师型"教师，职业院校的一切教学改革都是徒劳的，走过场的，也是不负责任的。教师只有具备先进教育理念和扎实的教育、教学基本功，才能带领着学生成才进步。要把开展校本培训、技能比赛作为提高教师素质的捷径。要重视年轻教师的培养，发挥老教师的作用，打造一批由骨干教师、专业带头人、教学名师组成的教学团队。

(三) 加强专业集群建设，打造鲜明办学特色

本次培训的一个焦点是学校优质校的建设。为适应新技术变革和新发展理念的要求，针对传统学校教学模式的局限性，专业集群建设已成为学校管理的必然趋势。产教融合文化管理是继经验管理、科学管理模式之后，出现的一种新的管理模式。本次授课的多位专家都提到企业文化氛围在学校管理中所起的作用，对师生素质提高和学校发展的意义。

(四) 加强校园文化建设，凝聚办学合力

一是建设高品位学校文化。学校价值观是学校文化的核心，一所学校选择什么，崇尚什么，追求什么，外显为教育行为和校风，内隐的则是学校价值观念，要努力塑造学校共同价值观。学校文化管理是一种柔性化、隐性化的管理，在师生员工的情感和精神生活中得到体现；二是建立和实施办学共同愿景。学校的共同愿景是规范教育行为、凝聚力量、唤起希望、激发内动力，是引领学校发展的巨大推动力。要进一步明确办学定位、发展规划和奋斗目标；三是转变学校领导行为。实施以德治校，坚持以人为本、尊重人性，用校园文化和校训激励人、培育人、发展人，和衷共济，共同创办让老区人民满意的职业教育。

学好百年党史　汲取奋进力量

中国共产党的百年历史蕴含着深厚的理论力量，展现着坚定的人民立场，凝结着不懈斗争的胜利成果。在庆祝我党百年华诞的重大时刻，在"两个一百年"奋斗目标历史交汇的关键节点，党中央在全党集中开展党史学习教育，意义重大，十分必要。作为党员领导干部，我们要自觉、清醒地认识到，开展党史学习教育，是党内政治生活中的一件大事。要深刻认识开展党史学习教育的重大意义，把思想和行动统一到党中央和上级决策部署上来，结合学院工作实际，扎实开展好党史学习教育。我以《学好百年党史　汲取奋进力量》为题，谈一些自己的学习体会。

一、通过党史学习教育，要牢记初心使命，强化师生的责任担当

常言道，欲知大道，必先知史。中国共产党的历史是一部丰富生动的教科书，是中国近现代以来最为可歌可泣的篇章。我们党历来重视党史学习教育，注重用党的奋斗历程和伟大成就鼓舞斗志、明确方向。1942 年 3 月，毛泽东同志在中央学习组作《如何研究中共党史》报告时开宗明义指出："如果不把党的历史搞清楚，不把党在历史上所走的路搞清楚，便不能把事情办得更好。"学好党史，有助于我们以史为镜、以史明志，从党的百年伟大奋斗历程中汲取继续前进的智慧和力量，以更加昂扬的精神状态和奋斗姿态建功新时代、奋进新征程。习近平总书记出席 2021 年 2 月 20 日党史学习教育动员大会讲话时指出，"全党同志要做到学史明理、学史增信、学史崇德、学史力行，学党史、悟思想、办实事、开新局，以昂扬姿态奋力开启全面建设社会主义现代化国家新征程，以优异成绩迎接建党一百周年。"作为职业教育工作者，要将开展党史学习教育的最终目的落到感召教育学生，做好思政育人工作上，特别是引导师生不忘初心、牢记使命，强化责任担当。中国近代史是一部悲壮的屈辱史，也是一部不屈不挠的抗争史。西方列强用坚船利炮打开了中国的国门，中日甲午风云涌动，八国联军掀起瓜分狂潮，陷入水深火热之中的中华儿女，为了救亡图存，奋起抗争，三元里民众抗英，洋务运动自救，太平天国壮士捐躯，义和团英雄喋血，戊戌君子断头，辛亥革命以失败而告终。虽尝试过帝制复辟、议会制、多党制、总统制，却依然是山河破碎、积贫积弱。但自从有了中国共产党，中国革命的面貌就焕然一新了。我们只有让学生了解党史全貌，才会加深理解中国共产党为全国人民谋幸福，为中华民族谋复兴的初心，才能认识党与人民心连心、同呼吸、共命运的依存关系，感受到过去无数共产党人的流血牺牲与现在每一个人幸福生活之间的联系，进而增进对党的亲近感、认同感，为热爱中国共产党、建设新中国奠定情感基础。

二、通过党史学习教育，要传承红色基因，落实立德树人的根本任务

历史是最好的教科书。对我们共产党人来说，中国革命历史是最好的营养剂。眺望前方的奋进路，奋力谱写加快建设新时代现代化新篇章，我们必须学好百年党史这门"必修课"，把党的成功经验传承好、发扬好。陕甘边革命根据地在中国历史上具有"两点一存"的重要地位，南梁精神是庆阳老区宝贵的精神财富。对于"传承弘扬红色基因，深入开展爱国主义教育和理想信念教育，培养学生的家国情怀"这一课题，需要我们认真思考，系统谋划，持续开展。特别是作为各部门的负责同志，要切实安排、组织好本部门的学习教育。我们要从把握党史故事学习教育的重点、凸显党史故事的深度、传递党史故事的温度等方面着手，讲好党史故事，赓续红色基因，做深做实做细做强学生的思想政治工作。讲党史故事的目的是传承红色基因，"历史"是内容，"故事"是形式，"育人"是目的，不能重"故事"轻"育人"。对思政工作者而言，要教育引导青年学生真正弄懂中国共产党为什么"能"、马克思主义为什么"行"、中国特色社会主义为什么"好"，就要将党史学习教育全方位融入思政育人"大课堂"，通过理论增信、故事明理、活动铸魂等育人形式，不断推动青年学生在浩瀚党史中领悟大道、奋发前行，矢志为中华民族伟大复兴而不懈奋斗。对于思政课教师来说，要把讲好党史故事作为党史教育的一个重要内容，作为创新思政教学的突破口，要推动党史进课堂，将党史系统地融入、渗透到各课程教学、各项活动之中，使学生比较完整地了解党史，并认识中国共产党为国为民艰苦奋斗的光辉历程；要借助于党的英雄人物、典型事件、革命文物、革命精神等，吸引、打动、感

召学生，引导学生爱党、爱国、爱社会主义，做社会主义事业的合格建设者和可靠接班人。

三、要创新党史学习教育的方式方法，增强党史学习教育的效果

开展党史学习教育，必须适应时代要求和大学生认知特点的变化，改变单纯"说教式"、灌输式的学习教育模式，推进方法手段多样、开放、立体转变、不断增强学习教育的吸引力、感染力和说服力。要按照大众化的要求，着眼于学生的精神文化需求，着力在通俗化、情感化上下功夫。我们要深入挖掘庆阳革命老区的红色根脉，依托当地红色资源，通过讲好身边红色故事、开设红色课堂、盘活红色家底等形式，推动党史学习教育向纵深发展。党史教育故事和其他故事相比，有一定的严肃性，容易让青年学生产生距离感。我们应通过实地考察体验、读红色经典、讲红色故事、办红色知识竞赛、举办"党史故事分享会""演讲赛"、红歌会、专题讲座等，让红色文化更加入脑入心。我们要利用手机课堂、翻转课堂、智慧课堂等方式调动课堂气氛，用故事会、辩论赛、实地调研等方式延伸课堂，用活泼的语言、生动的描述让党史故事"燃起来"，用展板、漫画、微视频、文创等符合青年性格特点的方式让党史故事"活起来"。

党史学习教育还要借鉴学习型党组织建设的成果和经验，切实加强和改进个人自学，引导党员教师和学生养成自觉学习党史的习惯。积极探索富有时代特点的新方法，组织形式多样的党史学习教育活动；进一步改进征文、宣讲等广大师生员工喜闻乐见的形式，鼓励创作党史题材的文艺作品，不断增强党史学习教育的吸引力和感染力，扩大覆盖面和参与度。

学习贯彻党的十九届六中全会精神
深入推进立德树人工作

学习贯彻党的十九届六中全会精神，是当前和今后一段时期的首要政治任务。为了使全会精神落地见效，我们要以习近平新时代中国特色社会主义思想为指导，结合学院工作实际，紧扣师生的思想实际，将学习贯彻党的十九届六中全会精神与立德树人工作结合起来，谋求推进学院高质量发展。

一、通过全面了解全会召开的背景，加强师生对全会重大意义的理解

一要认识到党的十九届六中全会是我党在"两个一百年"奋斗历史交汇关键节点、在建党百年的重要历史关头召开的一次具有重大历史意义的会议，认识到全会的开创性、里程碑式的重大意义。

二要了解全会的主要内容，特别要认识《中共中央关于党的百年奋斗重大成就和历史经验的决议》极重的历史分量、极大的政治分量、极高的知识含量、极深的思想含量，加深对《决议》作为纲领性文献、政治宣言、科学纲领、行动指南的理解。

三要从《公报》中提到的"总结历史、把握规律、坚定信心、走向未来"这几个关键词，认识全会在我党发展进程中的重大意义。

二、通过精准把握全会的丰富内涵，强化广大师生的思想理论武装

一要学习掌握党的十八大以来的原创性思想、变革性实践、突破性进展和标志性成果。全会最重要的成果是审议通过了《中共中央关于党的百年奋斗重大成就和历史经验的决议》。该《决议》是党的历史上第三个历史决议，我们要深刻领会其核心要义和重大意义。

二要认识到"两个确立"具有的决定性意义。全会强调"两个确立"，对新时代党和国家事业发展、对推进中华民族伟大复兴历史进程具有决定性意义。

三要学习了解全会所概括的习近平新时代中国特色社会主义思想的核心内容。习近平新时代中国特色社会主义思想实现了马克思主义中国化新的飞跃，是当代中国的马克思主义，是中华文化和中国精神的时代精华。这一思想理论具有真理的力量，科学回答了时代课题、人民之问、历史之问。我们要学习习近平新时代中国特色社会主义思想在传承中华优秀传统文化方面所蕴含的丰富的哲学思想、人文精神和道德理念，感悟并增强马克思主义中国化的信仰力量、思想力量、实践力量，用习近平新时代中国特色社会主义思想统一师生的思想、意志和行动。

三、通过系统学习党百年奋斗历史经验，强化师生的初心使命和责任担当

《决议》以"十个坚持"总结党百年奋斗的历史经验。这"十个坚持"就是"十条法宝"。我们要从党积累的宝贵经验中看清楚党和人民共同创造了什么样的精神财富，弄明白在新时代实践中如何丰富和发展这些精神。

一要学习把握"十个坚持"的科学内涵、逻辑关系和重大意义。二要学习了解我党百年奋斗历史经验的新概括、新阐释、新高度，把握我党对开创美好未来的新要求。三要把理解"十个坚持"与伟大的建党精神、伟大的创造精神、伟大的奋斗精神、伟大的团结精神、伟大的梦想精神结合起来，激活中华优秀传统文化的生命力，最大程度地凝聚团结奋斗的力量。

我们要从党百年奋斗向人民交出的优异答卷、从《公报》概括的十八大以来"十三个"方面的历史性成就、历史性变革中反思教育学生，让学生弄明白我党百年取得巨大成功的原因何在？看清楚中国共产党是什么、要干什么这个根本问题，弄清楚中国共产党未来该怎么做。引导师生不断增强坚定历史自信，创造历史伟业的政治自觉、思想自觉和行动自觉，始终坚持社会主义办学方向，全面贯彻党的教育方针，坚定职业教育自信，践行好立德树人初心和为党育人、为国育才使命，矢志不渝做习近平新时代中国特色社会主义思想的坚定信仰者和忠实实践者。

四、通过开展全会精神"三进"工作，推进"三全"育人工作上台阶

为了使党的十九届六中全会精神真正在师生中入脑入心，就要在全方位部署、分层次学习、多平台宣传等方面下功夫，做到党的十九届六中全会精

神"进校园、进课堂、进头脑",推动构建"三全"育人格局,以强有力的思想政治工作推动教育质量提升和立德树人工作。

一要把学习贯彻党的十九届六中全会精神与深入学习贯彻习近平新时代中国特色社会主义思想结合起来,与深化党史学习教育结合起来,大力弘扬伟大建党精神,坚定不移推动全面从严治党向纵深发展,深入落实立德树人根本任务,全面推动"十四五"高质量发展,以更强担当更大勇气更实作为,扎实做好教育教学各项工作,激发广大师生奋发进取的精神力量。

二要将十九届六中全会精神有效融入思政课,找准与教材知识的结合点。发挥思政理论课在立德树人方面的主力军、主渠道、主战场作用,全面推进课程思政建设,形成育人合力。

三要在强化学习效果上下功夫。要原原本本学、带着问题学,把六中全会精神纳入形势政策课内容,创新学习活动载体,切实用全会精神武装师生头脑。特别要引导教师在理论研究、教学科研、宣传教育、意识形态、实践育人等方面取得丰硕成果。

学习贯彻习近平总书记视察山丹培黎学校的重要讲话精神 教育和引导学生通过学习奋斗掌握一技之长

2019年，全省掀起深入学习贯彻习近平总书记视察甘肃重要讲话精神的热潮，正在以实际行动把习近平总书记的亲切关怀转化为履职尽责的强烈使命担当。我以《学习贯彻习近平总书记视察山丹培黎学校的重要讲话精神，教育和引导学生进一步坚定专业选择，通过学习和奋斗掌握一技之长》为题，谈一些感想，与同学们共勉。

2019年8月20日下午，习近平总书记考察了张掖市山丹培黎学校。

习近平总书记的重要讲话在全国、特别是我省职业院校中引起强烈反响，为职教界的广大师生带来了信心和力量，为职业教育的发展指明了方向。

第一，学生要坚定自己的职业理想和人生选择，学校要引导学生不断增强通往职业生涯目标的信心和动力。当一个人选择职业方向的时候，需要首先考虑行业形势和自身特点与就业需求，尽量选择有长期发展潜力的行业和专业。我认为，同学们进入职业院校是正确的选择。因为，职业教育是我国国民教育体系和人力资源开发的重要组成部分，不仅对一个国家的社会经济发展具有重要的意义，而且对于文化基础相对薄弱的学生来说是打开通往成功成才大门的一条捷径。改革开放40多年来，我国工业化基本完成，应用技术人才的短缺已经成为经济社会发展的主要矛盾。目前，大力发展职业教育，构建中职到高职再到职业本科、研究生的上升通道，已经成为全社会的共识，这对我们做好职教工作是巨大的鼓舞，同时也是所有职教人肩上的重大责任。

习近平总书记高度重视职业教育，关心技能型人才的培养。2014年，习近平总书记就加快发展职业教育做出重要指示，强调职业教育是国民教育体系和人力资源开发的重要组成部分，是广大青年打开通往成功成才大门的重要途径，肩负着培养多样化人才、传承技术技能、促进就业创业的重要职责，必须高度重视、加快发展。2014年，国务院印发《关于加快发展现代职业教育的决定》，全面部署加快发展现代职业教育。2015年习近平总书记在贵州调研时指出，职业教育是我国教育体系中的重要组成部分，是培养高素质技能型人才的基础工程，要上下共同努力进一步办好。习近平总书记的亲切关怀，推动一项项政策不断落地，助力职业教育更好发展。2019年年初，国务院印发《国家职业教育改革实施方案》，指出要把职业教育摆在教育改革创新和经济社会发展中更加突出的位置。与此同时，党中央、国务院作出面向社会人员实施高职扩招100万人的重大决策部署。职业教育发展不断加速，将为社会培养出更多高质量的应用技术型人才，更好推动国家发展、行业进步。古人云，有志者事竟成。志存高远是一个人成长的根本动力。心中有远方，才能一路风雨兼程。作为职业院校的学生，同学们应该摒弃重学历、轻能力的传统教育观念，带头树立重视技能、重视技工的理念，一定要对自己的前途充满信心，应该坚定自己的职业生涯发展目标和专业选择，把自己的前途命运与祖国的未来紧密联系在一起，自觉践行校训精神，求真理、悟道理、明事理，不怕困难，勇于实践，为成为拥有一技之长的大国工匠做出不懈努力。

第二，学生要始终保持一颗执着上进的进取心，学校要教育学生通过勤奋学习、不懈奋斗成就精彩人生。习近平总书记在纪念五四运动100周年大会上的讲话，对新时代的中国青年寄予厚望，提出了6点期望和要求，希望同学们都能够认真学习、深入思考，并付诸实践。这不是要求同学们重过衣食不足、物质贫乏的苦日子，放弃享受改革开放的成果，而是要培养创造精彩人生的能力，弘扬积极奋进的价值取向，树立能够克服困难、压力和挫折的勇气与决心。常言道：书山有路勤为径，学海无涯苦作舟。一分耕耘一分收获，成功之路在自己的脚下，读书从来就是苦差事，没有任何捷径可走。同学们的人生不能靠父母完成，也不能妄想靠投机取巧一夜暴富，要勤于学习，勇于实践，甘于吃苦，持之以恒地苦干实干，才能在学业上有所进步。希望大家牢记习近平总书记提出的奋斗幸福观，树立奋斗精神和积极向上的价值追求，懂得从奋斗中获得快乐和幸福，走出一条有意义、有梦想、有奋斗、有奉献的人生之路。我们要继承并发扬国际主义战士路易艾黎倡导的"手脑并用、创造分析"和我国职业教育创始人黄炎培"手脑并用、做学合一"的职教理念和教学原则,坚持不懈地强化技能训练,真正掌握一技之长,回报父母,造福社会。

第三,学校要自觉学习贯彻落实党的教育方针,不断提高教书育人水平,引导学生提高自身综合素质。新时代党的教育方针是要努力培养担当民族复兴大任的时代新人,培养德智体美劳全面发展的社会主义建设者和接班人。对教育工作者而言,要提高学生的综合素质,除了贯彻党的教育方针外,还要在课程实施和教学方式上改进和创新德智体美劳的途径。一是德育。德育可以通过课程教授,但更要重视生活实践体验,由知识德育与生活德育的互动实现知识向信念信仰的转化。也就是要构建知识、技能和价值三位一体的育人格局。二是智育。传统的智育主要通过考试成绩显示出来,当前更要重视学生的创新精神和实践能力,注重知行合一。三是体育。让每个学生都拥有一两项体育特长,以此作为学生的业余爱好;让每个学生都保持每天锻炼一个小时以上的习惯,发展学生的身体素质和人格品质;掌握必要的防身技巧,不让自己受他人的欺辱。四是美育。发挥美育对生活品质的改善,对人际交往的激发以及对大自然的亲近。五是劳动教育。劳动是一种素养和品质。每个人都必须自食其力,这既是劳动目标,也是劳动的方法和途径。

在全院师生的共同努力下,我院的校容面貌发生了新的变化,习近平总书记关于支持职业教育发展的指示精神更加坚定了我们职教人投身职业教育、发展职业教育、学好专业、掌握技能的信心。我们要始终坚持立德树人的根本任务,切实提高人才培养质量,为开创教育教学新局面、努力办好人民满意的高等职业教育贡献积极力量。

(此文为笔者在全校国旗下主题教育讲话)

参加 2017（第三届）中国职业教育国际合作峰会学习心得体会

2017年8月12至13日，由中国职业技术教育学会、中国开发区协会、中国生产力促进中心协会作为支持单位，国泰安职业教育与产业发展研究院、中国高等职业技术教育研究会、中国职业技术教育学会民办职业技术教育分会主办，深圳国泰安教育技术股份有限公司承办的主题为"国家战略新态势·职业教育新路径"的"2017（第三届）中国职业教育国际合作峰会"在深圳前海盛大开幕。与会专家围绕"新经济、新技术"背景下，把握产业发展趋势，引领未来职业教育发展；职业教育与现代信息技术融合，实现跨越式发展；"中国制造2025"下培养符合产业发展需求的"中国工匠"；开展"一带一路"沿线国家产业发展及职业教育国际合作等一系列重大课题进行了交流讨论。通过参加本次高峰论坛，我就有关观点感受梳理如下。

一、关于探索推进新型校企合作工作

1. 校企合作的重要性

校企合作对于职业院校和职业教育发展的重要性不言而喻，是职业院校和职业教育发展的必走之路，是其自身发展的需要。校企合作是职业院校谋求自身发展、实现与市场接轨、大力提高育人质量、有针对性地为企业培养一线实用型技术人才的重要举措，其初衷是让学生在校所学与企业实践有机结合，让学校和企业的设备、技术实现优势互补、资源共享，切实提高育人的针对性和实效性，提高技能型人才的培养质量。在新时期，借鉴国外职业教育的经验，大力深化校企合作，探索建立行之有效的新型校企合作模式，有利于地方经济结构调整，有利于职业院校摆脱困境，有利于培养技术技能人才，有利于激发学生创业潜力，有利于提高毕业生的就业率、学校的声誉和生源率，有利于建设一支素质过硬的师资队伍，有利于减轻学生的家庭经济负担，也有利于企业获得经济发展所需要的专业人才，提高企业的竞争力和经济效益。通过校企合作可以充分发挥学校和企业各自的资源优势,为双方创造更大的社会与经济效益,实现共建、共享、共赢。

2. 目前存在的问题和困难

(1)政府缺乏制度保障,办学主体的作用发挥不够,导致一头热,一头冷,企业积极性不高。对于通用性职业,政府应该投资建设公共实训基地。(2)学校了解企业需求不到位,且一味地抱怨政府和企业,依赖《校企合作条例》出台,而对于如何实现校企双赢,"为谁培养人,如何培养人"、满足企业对员工职业技能提升培训等思考的不多。(3)学校自身办学存在不足,未站在企业角度和学生未来发展的角度审视教育,人才培养质量达不到企业要求,办学没有达到社会认可的程度;学校与行业、企业的关系处理不够密切,双方基本还处在联系、沟通的浅层次合作阶段,对于产教融合、现代学徒制、内涵建设等深度合作的路径和模式缺乏探索和创新,没有充分发挥地域、行业、人脉、资源的优势。(4)企业办学主体的作用存在缺位,一些企业受利益驱使,缺乏社会责任感,对合作缺乏热情。

3. 校企合作成功的标准

职业院校办学要有信心,要探索建立校企合作长效机制。浙江机电职业技术学院原院长管平教授认为服务人的问题,育人为核心,他提出校企合作是否成功的标准是应该建立六大机制:组织机制、对话机制、合作育人机制、合作评价机制、合作共享机制、合作服务机制。

浙江工业职业技术学院原院长何向荣教授提出校企合作实现四个转型的要求。一是由依赖人际关系向市场契约转变;二是由依赖利益向利益链转变;三是由依赖校企一对一向公共服务平台转变;四是由依赖微观向依赖宏观转变(即人才培养方案向服务社会转变)。他指出产教融合与校企合作、工学结合的区别在于,前者是中观、微观层面,后者是宏观层面。校企合作最终要达到产教融合,而非接触。

管平教授认为校企合作有三个层面。显性层面,订单式培养,学徒制,冠名班等;隐形层面,要把企业、社会的需求体现到学校人才培养工作之中;国家层面,要贯彻职业标准,课程标准应是职业标准的体现。学校要按照职业标准训练学生,对于如何安排实习,有三种模式可以参考。一是集中与分散相结合;二是专业实习与社会实践相结合;三是学生自寻岗位与学校推荐岗位相结合。

德国"双元制"的前提是学生上学前已经是企业员工,不存在就业难题，这是与我国校企合作的根本区别。中德诺浩教育投资有限公司常务副总裁兼首席运营官楚萌认为，双元制并非完美无缺，哪些适合中国需要鉴别。他提出，要让每个系主任接触5个企业，与企业家交朋友。

围绕"产教融通：对接产业发展需求，有效提升专业设置的针对性与前瞻性""强强联合：共建校企合作协同育人新机制"等主题，有关专家提出了一些很好的观点。诸如，学校定位要清楚，这是前提；学校永远跟不上时代、技术的变化，应找到办学特色和办学定位。学校如果不引入新技术，其发展必然走在产业发展之后。专业设置应符合产业、行业需求，按专业招生不再按学校招生；应按照高职学生的素质要求开办相应的专业，比如不办空乘专业，应办技术含量高的制造类专业，回避过热的专业。苏志刚教授指出，趁本科院校还没"醒过来"，高职院校要抓紧与企业合作，培养人才应该精细化，而非通才。传统惯性束缚学校发展，师资现状、实训条件制约专业建设。

4. 新型校企合作的路径和模式

（1）"四位一体"校企合作模式。职业院校、企业、政府、社会在校企合作中，用一体化的思维承担责任，履行义务，分享利益，形成一种互相依存、互相制约的关系。

（2）现代学徒制试点，以学校为主体（英国的新学徒制，以企业为主体，本质无区别）。要实现校企合作，一是在制度设计上，必须有依据；二是从发展规划上，学校既要满足政府、企业需求，又要满足学生发展需求。实行三段式人才培养，每年应有企业实习，根据教学需要安排灵活的实习时间，培养懂技术、会创新的职业人才。

（3）建立VR、AR、虚拟在线、移动式智能工厂实习仓。

（4）创新教育，协同创新中心，融合式校企合作。

（5）订单培养，开发标准，合作育人。

（6）引企入校，建立校中厂、厂中校。

5. 关于勤工助学

厦门南洋学院院长鲁加升用30万元办大学，学生规模达到1万人。就业率达到99%。为什么能有如此高的就业率？他介绍道："因为我们的人才培养受到了社会和企业的认可。"为了实现较高的就业质量，南洋学院一直秉承着"三全"政策，即"全方位、全过程、全员"关注学生的就业。校长主攻教育专业，亲自做学生的导师，把学生的各方面素质培养均落到实处；

宿舍管理员均是大学毕业生，学生从大一开始，所有较长时间的假期都被介绍进企业实习。根据大学生不劳动、不就业的问题，学校把勤工助学作为一种文化，作为最好的素质教育和人才培养模式，做到教学做融合（学校、企业、学生三元融合）。

新生入学之初，学校根据学生专业的差异和兴趣，安排到不同的单位实习实践。"勤工助学实习时间主要安排在晚上和周末，实习工种很多，如中国电信114校园查询分台话务员、星级酒店服务生、大型超市售货员等。安排这样的勤工助学实践活动，不是说这些孩子家庭经济困难，更多的是为了让他们学以致用，让他们通过这样的实习，了解到用人单位真正需要的是什么样的技能。"鲁加升说，"如星级酒店服务生的实习经历，通过在四星或五星级酒店服务生的工作锻炼，学生们可以更深刻地了解职场礼仪、职场着装、职业素养等要求，在未来正式面临就业面试时，他们可以更好的风貌面对面试主考官。"

"作为高职院校，我们一直致力于培养高层次的专业技能型人才。我们对高层次专业人才的定义，就是一线管理人员和技术骨干人员。所以，光有理论是不够的，一定要有实践经验。"鲁加升介绍说："南洋的特色教育说到底就是特别重视学生综合素质和综合能力的培养与训练。"提高学生的综合素质是各个学校都在喊的一句口号，做了什么？做了多少？落实到每一个学生身上有多少？收获多少？却是很少有人可以说出个所以然来。在鲁加升看来，综合素质"不是简单的体育＋艺术，大学生的综合素质应该是学生了解社会、适应社会的综合能力与素养"。苏志刚教授认为，打工也是学习。学生在企业中站上两个小时也是学习，从企业中走出来的学生，其感受将不一样。

二、关于适应新技术重构职业教育未来

第三届中国职业教育国际合作峰会上，多个专家围绕"第四次工业革命时代：新技术重构职业教育发展未来"这一主题，畅谈了个人的观点。周跃南教授认为，第四次工业革命以信息技术为基础，以中国高铁、支付宝、共享单车、网购为代表，成为中国第四次工业革命。中国职业技术教育学会副会长、全国民办职业技术教育分会会长俞仲文指出：我们正处在第四次工业革命前沿，是"云物大智"技术的时代，这个词虽然不能完全概括新科技革命的主要技术，但它形象地表达了"云计算""物联网""大数据""智能化"已经成为一种公共的技术。它们正以前所未有的规模和速度影响左右着传统

职业的生存和发展。职业教育面临着专业定向重新定义的挑战。作为演讲嘉宾首次发表对"新职教"的看法。我国的职业教育发展到今天迎来了最好的时期，也是最关键的时期。所谓最好的时期，是指 20 世纪 90 年代之后，无论中职和高职都有了快速地成长。现阶段中国已经创造了世界上最大规模的职业教育；回答了"作为最大的发展中国家，如何将巨大的人口包袱转变成优质的劳动大军"的问题。所谓最关键的时期，是因为同现代化主战场的需求比，同我们需要承担的中国制造到中国创造的历史任务比，同今天我们正处在新的技术革命前夜的要求相比，我国职业教育做得还远远不够。中国的职业教育如何适应当前新的形势，值得我们认真思考、勇于突破。事实上，今天中国职业教育面临的无论是世界格局，还是技术背景都悄然发生了巨大的变化。主要表现在：进入 20 世纪的时候，我们曾经以中国是世界工厂而自豪。中国的职业技术教育也是在世界工厂的框架下设计培养规格、专业设置、课程内容和考核标准的。所谓世界工厂，实际上是中国处于世界产业链的中低端位置的反映。但是现在，世界格局变了，随着西方发达国家再工业化的进程，中国不再是所谓的世界工厂了。中国本身也提出了"中国制造 2025"规划，这与过去以世界工厂的标准来要求职业教育，已经完全不同了。职业教育面临着培养规格重新定义的挑战，这是其一；其二，当今，所谓优秀产业大军不仅要有高质量的再现能力，而且还需要高质量的再创能力，否则就不能适应从中国制造到中国创造、从合格制造到优质制造的伟大转变。因此培养我们的产业大军具有一定的技术革新、改良和应用能力，在今天尤为重要。奥巴马政府曾发表一个报告，预测未来十年到十五年有 50% 的职业会消失。这是因为受大规模的智能化影响，原来的一些职业可能在未来几年会被取代，这对今天的职业教育来说是一个很大的冲击。由于"云物大智"技术的介入，劳动的岗位、内容、标准、对体力智力支出的要求都发生了很大的改变。职业教育面临着课程内容和考核标准的重新定义。综上所述，我们称中国的职业教育正处于一个非常关键的时刻。随着"云物大智"技术的普及推广，未来的传统岗位将无事可做，代之以新的业态和新的岗位。人工智能可能会代替医生、律师等咨询性工作；智能和新能源汽车的投入使用会使家庭用车保有量削减 70%，保险公司和 4S 店将面临倒闭……在这种情况下，怎么来定义职业教育？怎么来设置专业和课程内容？在这种背景下，"新职教"应运而生。例如，传统专业分类尽管还存在，但边界已经模糊了。它们同"云物大智"技术已经高度嫁接起来了。换句话说，专业离开了"云物大智"技术就别叫优质和现代。有些课程也必须改变了，如计算机公共课传统内容的学习可以交由学生自学和网络考试来完成，新的计算机公共课的内容就要把电商技术、物联网技术基础和移动互联网技术基础教给学生。让不同专业的同学掌握这三种技术，这是"新职教"公共课教学内容的重大改革。同时新职教还涉及学校定位、培养规格、教学实践基地功能、考核标准、校企合作、教师队伍的提升、创新教育的落实等诸多方面的再思考和重新定义。

职业教育界对新经济、新业态、新技术的发展，对第四次工业革命所带来的巨大的变化，以及对中央提出的"中国制造2025"的大政方针研究不足，对可能带给职业教育带来的冲击缺乏敏感性和准备，如果还是按照原来的理念在按部就班走老路，会成为举办高水平职业教育的最大拦路虎。有的理论不是说不对，而是不全对，错在太绝对化了。比如说，"职业技术教育就是技能教育"，这种判断之所以不全对，是因为职业技术教育不光是技能教育，还包括技术教育在内。"职业教育就是跟岗位零距离对接的教育"，也只对了一半，我们不光要对接现在，还要面向未来。"职业教育就是成熟技术规范流程再现"，这也不是全部，还需教给学生具备一定的创新能力等。这些似是而非的理念不纠正，职业教育很容易陷入低水平重复的怪圈。校企合作也应该有不同的层次，但有的校企合作还处于低层次的初级阶段，高级阶段应该是校企双方共建技研中心和创研中心。今后，职业院校应该成为面向生产、管理、服务、建设一线的技术应用、改良、革新的主力军或流程实务再造的主力军，大大提高职业院校面向现代化主战场的直接贡献率。我们对此研究不够深入，还是沿着原来的老思路兜圈子，这也是职业教育低水平重复的重要原因。

三、关于现代职业教育发展困境的对策

俞仲文教授指出：现在的形势比原来好多了，人民群众对职业教育的接受度也比原来好多了。中央的财政及各部都把职业教育当作一个很重要的发展点，这是可喜的。解决职业教育的发展困境问题首先要从营造优良的职业教育生态环境入手，比如让职业教育如何香起来的环境（政策支持、社会地位、薪资福利待遇），让学生感受到不走学术道路而走职业教育道路一样能实现人生价值。其次是教育系统内部要彻底根除来自教育行政部门内部深层次的对于职业教育的歧视与不公正态度，尤其要从财政投入这一源头上体现对职业教育公平的重视。再次解决职业教育本身与产业脱节的问题，也是最

关键的问题。职业院校对产业未来的发展趋势、动向、可能出现的结果对职业教育的影响研究还不够。国泰安在这方面起了很好的作用。他们出版的《中国职业教育年鉴》很好，推出的职业教育与八个产业的发展报告很有启发性。只有了解产业的需求、未来的发展，再回过头看职业教育应该怎么定位其人才培养规格，怎么设计其课程体系、内容，怎么进行学生的培养，这是提高职业教育质量的有效途径。第四，要用改革创新的态度来解决改革创新中的棘手问题。职业技术教育与产业发展有非常密切的联系，中央提出了混合所有制的办法，来吸引社会力量加入职业技术教育行列。但是很多人仍然在观望，走得战战兢兢。在这方面没有形成很好的让社会力量能够踊跃介入职业教育的机制与政策环境。

"互联网+"时代，大数据、云计算和移动互联网等新一代信息技术对社会各个领域产生深刻影响，职业教育也不例外。在学校信息化教学实践中，从早期的辅助教学手段到与学科教学的深度融合，信息技术促使传统课堂向数字化、智能化、泛在化方向发展，无论是"电子书包""智慧教室""一对一数字化学习""智能学习终端"等教学实验，对智慧课堂教学进行了有益的探索。课堂的核心在于用"互联网+"的思维方式和最新的信息技术手段来变革和改进课堂教学，打造智能高效、富有智慧的课堂教学环境，通过互动性更强的教与学，促进学生个性化成长和智慧发展，解决传统课堂教学中长期存在和难以解决的问题，具有重要的现实意义。

四、关于办职教与办学校的常识与定力

厦门大学副校长、教育部普通高校本科评估专家委员会委员邬大光围绕"办教育与办学校的常识与定力"发表了自己的观点。他提出，宏观层面的常识：教育是用钱堆出来的，是用情怀养育出来的，是用文化滋润出来的，是经过历史沉淀出来的。我国高等教育进入大众化时代，人才培养的问题更加受到关注，究竟是培养专门人才还是复合型人才，一直困扰着大学。"全人教育"作为一种新的人才观，"回归教育的本质""回归人的教育"等新的教育理念在全世界范围盛行。学校提出，培养引领未来的人才，培养创新型人才，以学生为中心等理念。微观方面的常识则包括学科与专业建设的常识、教学计划与课程建设的常识、创新创业教育的常识、考试的常识、课堂教学的常识，等等。

结合学习和工作实践，本人对职业教育规律的理解主要归纳为以下几个方面：

1. 职业教育应该与经济社会发展相适应，围绕产业开设专业，不断优化专业结构和人才培养方案，培养适销对路的合格人才，以服务地方经济社会发展为己任。

2. 职业院校办学应该以就业为导向，坚持以服务学生终身发展为根本任务，要为学生的幸福人生创造条件、奠定基础。

3. 职业教育应该走工学结合、校企合作、产教融合的路子，围绕企业需求培养人才，实现校企双方合作共赢。

4. 职业教育应该面向市场，面向未来，积极适应新技术革命发展需要，以质量为中心深化教学改革，要在不断改革创新中谋求学院事业发展壮大。

5. 职业院校要重视教师的职业成长和理念更新，切实加强教师这一办学核心竞争力的培训和提升，让教师真正感受到职业荣誉感和教书育人的快乐与幸福。

6. 职业院校应确定职业能力本位的培养目标，采用工作过程导向的课程开发模式，实施行动导向的教学过程，把学生培养成为技术技能型人才。

7. 职业院校的教学要以学生为中心，力争做到学校企业一体化，理论实践一体化，教师师傅一体化，学生员工一体化。突出实践教学、情景教学、体验教学，力求在"做"中"教"，在"做"中"学"，"教学做"合一，要手脑并用，以练促学，以赛促学。要求师傅是教师，学徒是学生，车间是教室，产品是作品。

8. 职业院校应着力抓好内涵质量建设，其内涵建设主要涉及校企合作能力、专业建设能力、课程改革能力、教师教学能力、内部治理能力、职业培训能力、技能竞赛能力、信息服务能力、质量评价能力。这9种能力需体现立德树人的宗旨，促进就业导向。

9. 职业院校要重视学生思想品德教育和健全人格的培养，实现知识传授、技能培养和品德提升（价值塑造）三者的有机统一。

10. 职教工作者担负着实现学生职业梦想的重任，要牢记使命，坚定信念，努力将数理化不够好的学生培养成为社会创造财富的技术技能人才，促进以形象思维为主要优势的职业学生实现人生梦想和职业理想。

11. 职业教育是跨界教育，其教育规律不是一成不变的，应根据教育对象的变化、人才市场的变化、行业企业的变化和各个专业的不同特点及具体校情，不断探索、完善、确定职业教育运行规律，遵循职教规律办学。

参加2019年甘肃省高校教师发展中心管理干部研修班学习体会

2019年10月15至19日,由甘肃省教育厅主办、西南大学培训学院承办的2019年甘肃省高校教师发展中心管理干部研修培训班先后在重庆、成都举办。通过聆听专家讲座、实地考察、经验分享、问题交流等形式,培训达到了预期目的。现从三个方面对个人学习情况进行总结。

一、收获体会

1. 对高校成立教师发展中心的重要性和必要性有了新的认识

通过本次培训学习,我们认识到:"教师发展中心"是在学校层面独立设置的专业性机构或平台,由专家负责,为本校教师专业发展提供一个更加人性化和专业化的培训、研讨和自主发展的平台。在国外大学教师发展中心陆续建立的背景下,自2011年起我国开始从政策上酝酿引导国内各个高校建立适合本校的教师教学发展中心,2012年教育部批准成立30所国家级教师教学发展示范中心。通过学习,我认为加强大学教师发展中心建设是促进教师资源开发经济有效的方法,符合地方高校财力有限又急需发展师资的实际。教师发展中心建设的意义在于,缓解高层次人才紧缺和流失所带来的人才短缺状况;通过营造更加良好的发展环境,增强地方高校对优秀人才的吸附力;良好的大学教师培训和发展项目也是地方高校吸引人才的重要筹码。通过建设大学教师发展中心,整合现有教师资源,可以为广大教师提供更好的发展项目和发展机会,提升现有教师的教学和科研水平,逐步形成高质量的教学团队和科研梯队,有利于更好地发挥教师的主观能动性,增强教师对所在高校的认同感和集体荣誉感。因此,各个高校结合实际,筹建成立教师发展中心,十分必要。

2. 对高校教师发展中心的职责定位及建设路径有了清晰认识

通过聆听西南大学教务处长吴能表教授《高校教师发展中心定位与建设

路径》、重庆工业职院徐兴旺教授《重庆市高校教师发展示范中心建设经验》、北京理工大学庞海芍教授《高校教师教学发展的未来之路》等系列专题讲座，分享省内3所高校教师发展中心的建设经验报告，实地参观西南地区3所知名高校教发中心，我们很受震撼，感受颇深。对教师发展中心的内涵特征、建设内容、职责功能、建设途径及有关注意事项等有了全面了解和系统把握，对开展此项工作有了基本的思路。

3. 对重庆、成都一些高校先进的办学理念有了了解，学到了知名专家先进的教育教学理念

在本次培训期间，我们有幸聆听曾国平、刘明华、吴能表、赵玉芳、徐兴旺、庞海芍、涂涛、罗小蓉等知名专家高层次的学术报告，了解多所大学校领导的治学理念，体验感受西南大学、重庆工职学院浓郁的大学文化、良好的校企合作氛围。特别是学习到先进的办学理念，对自己进一步坚守职业教育初心，改进教师、教学、学生工作具有借鉴作用。例如，国学专家刘明华以《国学传承与文化自信》为题，从"国学"概念梳理、国学的核心内容、国学学科的模糊性三方面剖析了国学的内涵，阐释文化自信与中华文化核心思想理念。他的讲座对加强传统文化的学习，提高自身文化素养有积极意义。曾国平教授以《卓越领导力与执行力》为题，用渊博的知识旁征博引给大家讲述高校领导力的特点、核心、根本，执行力培养途径和提升领导力与执行力的关键——学习力。其发人深省的为师之道，做人之术，高超的演讲艺术令听众折服，他带着感情的讲座通俗易懂，让人深受启发！最重要的是他幽默风趣的语言、形式多样的肢体动作，时不时配以道具，真是一场乐教乐学的教学典范！我们被曾教授所讲的"爱国岂须理由，灵魂深处恒有！小微处显伟大，华夏血永淌流！"所感动、折服！

二、今后计划

1. 加强学习宣传，转变教育教学理念

要及时传达本次学习培训精神，分享学习到的先进教育教学理念和成功办学经验。进一步加强教师学习培训，促使教师转变教学观念，紧跟时代发展步伐。

2. 成立教发中心，打造过硬师资队伍

坚持教师的依靠力量，始终突出教师办学的主人翁地位，打造高素质教师团队。应立足本校实际，制定清晰合理的学校定位和发展目标，设置有特色的教师发展中心。采取有效措施，为教师成长搭建平台。突出教师发展中

心的服务效能，营造良好的教学和科研文化氛围。

3. 争取经费支持，服务教师长远发展

应协调学校积极筹措经费，大力扶持教师发展中心工作，实现教师个人发展与学校发展同步。通过教师发展中心促进跨学科教学和科研，构建校内教师资源共享机制。

开阔新视野　明晰新方向　谋求新发展
——2020年全省高职院校长高质量发展专题培训心得体会

骄阳八月，热情似火。全省30所高职院校的163名班子成员按照省教育厅的统一安排，齐聚兰州石化职业技术学院，参加甘肃省2020年高职院校长高质量发展专题培训班学习。培训期间，教育部职教所所长王杨南、省教育厅副厅长时宁国教授、国家教育行政学院邢晖教授、承德石油专科学校党委书记王纪安教授、南京信息职业技术学院党委书记王丹中教授、杭州萧山技师学院党委书记院长许红平教授、兰州大学马克思主义学院博士生导师刘先春教授、兰州交大机电学院院长张红兵教授分别做了高质量的专题讲座，学员参观了兰州石化公司教育基地，并参加了讨论交流。开班仪式和结业典礼先后在兰州资源环境职业技术学院和兰州石化职业技术学院举行，全省393名高中职院校长参加，省教育厅党组成员、副厅长时宁国出席并讲话。现将本人学习感受与收获体会总结如下。

一、从宏观层面了解职业教育发展现状，增强了进一步加快发展职业教育的紧迫感和使命感

教育部职业教育中心研究所王扬南所长在开班仪式上做了《新时代新要求　新目标新行动——职业教育改革发展迈入新阶段》的首场主旨报告，介绍了全国职业教育的发展情况，梳理分析构建现代职业教育体系面临的问题，提出了新时代职业教育改革发展的新要求、总体目标和具体任务。针对提高职业教育发展水平，职业教育专业建设，职业教育创新发展高地建设的主要任务、主要内容及实现途径等方面，向培训班全体学员明确了思路、提出要求、展望了前景。整场报告高屋建瓴、内容丰富，对加快甘肃职业教育高质量发展起到了很好的助推作用。通过聆听报告和讲话，我进一步加深了对"职教20条"的全面掌握，对建设职业教育创新发展高地、技能人才供

给高地、夯实中职教育基础、办优做强高职教育、完善高层次应用型人才培养体系、探索建立"职教高考"制度均有了更为深刻的理解。特别是通过了解全省职业教育发展现状，感受兰石化、兰资环近年来办学取得的丰硕成果，进一步看到了自身的差距和不足。培训班在"技能甘肃"意见出台后举办，职教同仁们进一步增强了搞好职业教育的信心和决心。我们深切感受到偏远革命老区、新办高职院校受地域性的限制，我们的教学理念、办学条件、创新举措与国家的要求还有较大的差距。在平时的工作中，我深感我们教师的专业发展需求和个人成长愿望还不够强烈，我们管理层搭建的帮扶平台还不够大，学院的激励措施还没有到位。这就要求我们要进一步解放思想，转变观念，提振信心，鼓足干劲，以强烈的使命感和责任感谋求学院事业的创新发展、快速发展。

二、学习国家和省级层面出台的职教组合政策，加深了对"技能甘肃"战略的主要内容和任务的精准理解

省教育厅时宁国副厅长在职教战线奋斗30多年，作为对职业教育有炽热情怀的职教专家，他在开班仪式和结业典礼上热情洋溢的讲话感动了每一个职教人。他做的《不忘初心 牢记使命 奋力谱写甘肃职教新篇章》讲座，梳理了"职教20条"颁布以来国家和省级层面出台的组合政策，分析了"技能甘肃"出台的背景和主要内容，分享了个人对办好职教的真知灼见。作为一名职教一线的长途领跑者，他通过分析中高等职业教育体制调整及我国近年来出台的一系列重大职教政策，他对什么是职业教育做了系统概括，提出"职业教育是面向人人的终身教育，是面向市场的就业教育，是面向全社会的跨界教育，是面向能力的实践教育"的观点。他通过查找甘肃职业教育存在的"先天不足、后天不良"问题，剖析市办高职存在的体制不顺、编制、经费、人员聘用被卡死、办学特别难等问题，他认为要首先解决市县两级政府对职业教育的认识问题。他在报告中指出，实施"技能甘肃"战略的背景是落实习近平总书记视察甘肃山丹培黎学校重要讲话精神，为了更好地落实"职教20条"，着眼类型教育，融入"一带一路"国家战略，构建三个体系，打造四个职教高地，聚集职教发展合力，为西部职教创新发展提供"甘肃方案"。

时宁国在报告中指出，办好职业院校，关键在学校党委书记和校长。他结合自己亲身经历和体会，提出职业学校领导应该具备"一个情怀，五个要素（角色），六种能力"。一个情怀：为职业教育拼搏奋斗的情怀。五个要素：学校、政府、企业、事业、专业，应具备当校长的所有能力和素质，懂得国家政策、制度和人才培养；要有教育专家的素质，快速学习，思路清晰；要有政府公务员的能力和素质，善于与教育、组织、人事、编制、发改、财政等部门交朋友，寻求资源支持；要有企业家的素质和才能，要有企业思维、经营理念；要有事业单位管理者的潜能。他提出职校校长应具备六种能力：创新能力、研究研判治理体系的能力、对学校内部的管理能力、对学校的经营能力、与各行业各部门人员协调的能力、统筹各种资源的能力。这些肺腑之言，是成功办职教的经验。

三、从办学治校的微观角度解读影响职教发展的热点和难点问题，进一步开阔了治理学校的思路

为期5天的培训让人受益匪浅，专家的专题讲座紧扣高职院校实际需求，对于做好学校工作具有很强的针对性和现实指导意义。第一，国家教育行政学院邢晖教授关于"如何编制高职十四五规划"的报告，是指导高职院校编制五年发展规划的灵丹妙药。她以《高职"十四五"规划与高质量发展》为题，围绕"如何高质量编制学校"十四五"规划，怎么推进职业院校高质量发展"两个方面，解读了"十四五"规划的时段意义、编制方法和思路。她提出：要把握发展趋势，从新背景看新使命；要更新观念，与时俱进变理念；要明确发展定位，处理好几个重要关系；要突出重点，各级联动。在讲到如何高质量发展时，她提到要把握新政策、抓住关键点，仰望星空、脚踏实地、纵横比较、扬长补短，围绕新政策"20条"+"扩招"+"扩训"，采取新行动。邢晖教授的报告从案例分析到政策解读，从国家宏观层面的新政策到打造"技能甘肃"的专项行动分析，为我省高职院校长们带了一场非常精彩且针对性很强的高水平讲座。我对她从政策理论与实践案例相结合的角度，结合人们关注的"职教20条""技能甘肃"、提质培优行动计划等新政策，介绍编制院校战略规划的基本思路、主要内容、具体方法留下了深刻印象。通过聆听讲座，对影响职教质量的"立德树人、培养体系、专业建设、课程建设、师资队伍、实训基地、校企合作、信息技术"等关键因素及如何抓体系、抓项目、抓合作、抓质量、抓治理等问题有了更深的认识和掌握，提升了对于办学中抓项目、抓合作、抓治理的重要性的认识。第二，承德石油高等专科学校党委书记王纪安教授关于"高职学校文化建设"

的报告，对于创建文明校园、加强学院治理能力建设具有指导作用。他以《高职文化建设与治理能力提升纵横谈》为题，系统阐述了自己在学校文化建设方面的成功经验。他认为："办大学就是办文化，自觉的学校系统文化建设是育人的灵魂。"报告中深刻阐述了"高职教育的文化高度和文化自觉，高职院校的文化辨析与文化担当，高职院校文化内涵与文化建设，高职院校治理体系和治理能力现代化"等问题。他提出："育人的根本途径是文化育人，是自觉的、系统的文化建设。学校文化的方向是育人文化，学校文化的基础是教师文化，学校文化的关键是干部文化。大学文化建设是一个系统工程，物质文化是基础，制度文化是保障，精神文化是灵魂，行为文化是表现，教学文化是主体。高素质技术技能人才是高职人才的文化特征——立德树人、一技之长。"这些独到的见解，对于加强学校文化建设具有启示和启发作用。第三，南京信息职业技术学院党委书记王丹中教授关于《"智慧校园"建设的探索与实践》的报告，有助于指导做好智慧校园建设工作。讲座从"如何认识智慧校园建设的时代背景，如何理解智慧校园，如何进行智慧校园顶层架构，如何建好智慧校园"等方面展开，操作性和针对性较强。第四，杭州萧山技师学院党委书记院长许红平教授关于"重构职业技术教育"的报告，对于我们反思并改进人才培养工作具有重要的参考和借鉴作用。报告人反思科技迭代、产业转型、美好生活和产教脱节背景下的职业技术教育，从"认知趋势、人才培养目标的重构，认知理念、人才培养理念的重塑，认知现状、人才培养要素的重置"等方面展开，提出"学校核心团队的认知层次决定学校的办学层次""名校的标志体现在资源平台、制度文化、服务与贡献，绝对不是本本、更不是规模""产教融合是人才培养唯一正确的途径"等观点。第五，兰州交大张红兵教授关于"大学生创新创业教育"的报告，对于促进高职院校弥补教育教学工作短板，做好创新创业教育具有指导性。第六，兰州大学刘先春教授关于"党建和思政工作"的报告，对于全面加强高职高专党的建设和学校治理能力建设具有积极促进作用。

  这次培训班邀请承担讲座的各位专家都是国家和省内的知名职教专家，既具有独到的理论见底，又有丰富的职教办学经验，其先进的教育理念、超前的教学思路、成功的治校策略，都值得我们学习借鉴。正如兰州石化职业技术学院一位老师所说："一段平凡的培训，因为培训之人的闪光而不再平凡。所有的职教人在一起，就像一滴水融入职教的海洋，大家在一起，努力谱写我省职业教育未来新篇章。"学习之余，认真反思本校办学现状与存在的问题，深感招生、培训、校企合作、产教融合、"三教"改革、实训基地建设、信息化建设、教学资源库建设、就业创业等工作短板突出，受校舍条件、生均经费及师资限制，一些工作成效不够明显，亟待强力推进。

我们相信，有国家大力发展职业教育的政策支持，有全省职教人的关心和帮助，有省教育厅和市政府的大力支持，有庆阳职院人不甘落实、创业奋进的拼搏精神，我们一定能够走出目前的困境，迎来庆阳职教新的春天。

参加2021年全省高职院校班子成员能力提升培训班学习心得体会

2021年7月，本人参加了由省教育厅主办，兰州新区职教园区服务保障中心承办的全省高职院校班子成员能力提升培训班。来自教育部、山东省教育厅、甘肃省的10名专家、教授展开为期5天的培训，主要围绕贯彻全国职教大会精神、全力打造技能甘肃、"岗课赛证"综合育人、职业教育"三教"改革、职业教育高质量发展、职业教育新理念与实践创新、职业教育国际交流与合作等方面进行专题辅导，全面介绍了全国职教最新政策、山东省职业教育发展成功经验、省内"双高校"建设典型案例，旨在推进全省高职学校高质量发展，助力"技能甘肃"各项目标任务落地，加快推进现代职教体系建设。通过聆听报告、系统解读政策、观摩考察、互动交流，本次培训达到了预期目的。我主要有以下几点体会。

一、学习重温全国职教大会精神，进一步提高了对职业教育类型定位及其重要性的认识

教育部职成司教学与质量处处长董振华、教育部职成司综合处处长邬跃、甘肃省教育厅厅长王海燕、兰州新区职教园区服务保障中心主任、省教育厅职成处原处长李常等同志，都在各自报告中全面系统地介绍了全国职业教育大会的精神，重点对习近平总书记的重要指示做了深刻阐释。这对于我们进一步理解职业教育的类型教育定位，认识职业教育的重要意义和目前面临的重大发展机遇，在职业教育改革发展中全面贯彻新发展理念和职教政策精神，精准把握创新发展路径，推动高职教育高质量发展具有重要的指导作用。

二、重点学习掌握现代职教理念，澄清了思想困惑，明确了创新发展思路

曾天山、董振华、邬跃等几位专家都立足全国职教发展大趋势，站在全

局角度，充分运用国内外成功经验，对职业教育高质量发展、内涵建设所要求的提质培优、"岗课赛证""五位一体"国家职业教育标准体系、产教融合、专业目录、"三教改革"、1+X证书制度、"四链融通"等热点、难点问题做了深入解读。通过学习辅导，自己对高职办学目前遇到的一系列问题有了新的认识，思想上的迷茫困惑得到澄清，打消了畏难情绪，进一步增强了以一往无前的劲头和勇于推进"三教"改革、办好庆阳老区高等职业教育的信心和决心。

三、感受山东和甘肃高职发展成就，增强了办好职教的信心和责任

山东省教育厅职教处处长王志刚以《关于部省共建国家职业教育创新发展高地的探索与思考》为题，介绍了山东省十年来职业教育快速发展的情况、今后一个时期的发展目标，梳理总结了"思想破冰、行动突围、制度创新"的发展职教成功经验，分享了自己从事职业教育工作的七点体会，山东发展职业教育的成功经验特别值得甘肃学习借鉴。

兰州新区职教园区服务保障中心主任李常锋在开班仪式上介绍了兰州新区职教园区情况，表示园区服务保障中心高度重视、全力保障，为参训学员在学习、贯彻、落实全国职教大会精神的同时，充分体验全国第五个国家级新区快速发展的新面貌，亲身感受全国领先的现代化职教园区。通过此次培训，准确把握职业教育改革发展脉搏，增强运用理论指导实践的能力和水平。

培训班期间，全体学员参观了兰州新区职教园区的公共实训基地、图书馆，进入兰州现代职业学院、甘肃财贸职业技术学院、甘肃卫生职业学院，亲身感受我省高等职业教育近年来蓬勃发展的伟大成就。

学习期间，兰州石化职业技术学院、兰州资源环境职业技术学院、酒泉职业技术学院这三所"双高校"的院长介绍了推动学院高质量发展的经验及做法，号召全省职业院校取长补短、抱团发展、提质培优。

教育厅厅长王海燕和副厅长时宁国强调，本次全省高职学校班子成员能力提升专题培训班，旨在深入学习领会"以习近平新时代中国特色社会主义为指导，深入贯彻落实全国职业教育大会精神"的要求思想，办好新时代职业教育服务技能型社会建设的要求，实现推进职业教育发展打造"技能甘肃"的要求，科学审视职业教育发展现状，正确把握职业教育改革发展方

向，进一步厘清高职学校在打造"技能甘肃"中的定位和应发挥的作用，高位谋划推动高职教育高质量发展，增强高职领导班子适应新时代职业教育发展要求的能力，提高办学治校水平，推动我省高职院校把握机遇、快速发展。

沉浸上海团校　汲取奋进力量
——甘肃省高校就业创业高级培训班学习心得体会

在庆祝建党百年的喜庆氛围里，2021年5月，按照甘肃省教育厅的安排，我有幸前往上海青年管理干部学院，参加为期一周的全省高校就业创业高级培训学习。通过聆听华东师大、上海城建职业学院、华中科技大学的专家及有关企业创业成功人士的讲座，走访观摩红色基地，与同事座谈交流，深切感受到上海国际大都市的现代气息和厚重的文化积淀，领略我国党团组织诞生地孕育的革命初心，学习沿海发达地区先进的思想理念，我对教育教学及双创工作有了更深刻的认识。

一、渔阳里面觅初心，使命召唤增激情

作为中国共产党的诞生地，中国革命红色基因的发源地，中共酝酿革命、推动中国迈向现代化的发源地之一，上海这座光荣之城遍布了多个红色历史遗址，如中共"一大"会址、中共"二大"会址、中共"四大"会址、中共六届四中全会旧址、中共中央政治局机关旧址、中共中央文库旧址、《新青年》编辑部旧址、《义勇军进行曲》诞生地、中央特科旧址等。我们这次培训班设在上海青年管理干部学院（上海团校），作为以开展团青干部教育培训、青年工作和学科理论研究的政治学校，上海团校处处充满青春的活力，加上培训班以创新创业教育为主题的教学内容，各种创新火花激荡着心灵世界。5月12日，我们走进团中央机关旧址法租界霞飞路渔阳里，参观上海共产党早期组织创办了第一所培养革命干部的学校——外国语学社，聆听闵小益《从老渔阳里到新渔阳里 党团创建和初心使命》报告，深刻感受到上海建团代表探索传播马克思主义的深远影响与重大意义，进一步增强了党史学习教育的主动性。学习之余，通过自己阅读住所提供的《迎接新时代的上海青年》《青年人文素养：方法与演练》《青年学报》等刊物上的有关文章，脑海中一直萦绕着英雄人物。本人怀着对党的先辈们的崇敬之情，始终

被一种激情所环绕,对分管的共青团工作、学生工作和人才培养工作有了新的更深的认识和思路,增强了进一步做好立德树人工作的信心和决心。

二、创业人士话双创,就业工作思路明

本次培训班邀请上海市教委副主任倪闽景,上海零号湾创业投资有限公司总经理张志刚博士,上海市欧美同学会副会长王闽教授,国家数字化设计与制造创新中心江苏中心、华中科技大学无锡研究院浦栋麟博士,华东师大创新创业学院常务副院长阮平章教授,上海城建职业学院院长叶银忠教授分别做专题报告。他们的许多独到见解和观点,对做好就业创业工作具有指导作用。

倪闽景以《上海市高校就业现状》为题做主旨报告,他认为对大学生就业工作的重视是做好就业工作的前提。他分析上海毕业生就业基本情况和面临的困难,提出促进就业的一些办法和建议。一要加强就业形势研判,把就业作为一个学科对待,专业与课程的调整要适应新形势、新技术发展。就业工作要从头从早开始(入学前一年),深入开展职业生涯规划教育,提升学生的就业能力,引导毕业生先就业再择业。二要主动对接国家战略,为毕业生提供充分的就业岗位。教师要站在家长角度看就业,开展订单式培养,鼓励学生到民营企业及网店等新就业形式的岗位就业。三要针对慢就业的情况,研究学生的心理需求,切实做好重点人群、困难群体学生的就业帮扶工作,加强灵活就业人员的指导,采取点对点、一对一的精准帮扶措施。四要推行全员导师制,加强对辅导员等就业队伍的培训。五要加强学校、政府、企业的合作。通过约谈制度、就业推进会等形成促进就业的合力,发挥市场龙头企业的作用,提高网络招聘的质量,保障毕业生的就业权益。六要实现高质量就业。何谓高质量就业?学生喜欢这个职业,雇主对学生满意,国家需要这方面的人才,薪资待遇及稳定性。

甘肃省教育厅副厅长张国珍以《学习四史 推动高等教育高质量发展》为题,围绕四史学习教育、就业工作、高质量发展面临的问题与思路等问题做了讲解。他说:"不讲政治的校领导是不合格的,学校把就业工作放在什么位置是影响一个学校就业工作的关键因素。"关于就业工作,从外部看:第一,建立完整的就业工作机制,这是第一位的;第二,平台建设是基础。抓好就业创业基金的使用,发挥场地、组织、人员、信息化的支撑作用。第三,要抓市场。按专业大类建设就业市场,建设稳定的校企合作基地。第四,要打造一支就业工作队伍。从学校内部看,一要全员参与,全员就业;

二要抓好学科、专业和课程调整。明确专业方向，凸现专业特色，面向行业，开设一两门公共课程；三要形成一种良好的文化。培养留得住、用得上的人才。

上海零号湾创业投资有限公司总经理张志刚博士是上海交大第一个离岗创业的教师，也是最早来零号湾从事创业服务的人。现为上海交通大学副教授、挑战杯总指导，上海交通大学先进产业技术研究院战略研究部主任，思源公益创始人。他以《和未来做朋友》为题，着重强调创业不是追风口，要和未来做朋友，要构建高效协同的创业生态体系。他从个人的艰辛的创业经历谈起，告诉我们创业的艰难。他认为在校学生不应成为创业的主体，需要建设大学与社会协作的合理体系，降低学生参与的门槛，让学生根据自己的能力和兴趣，以参与创业为主，协同创业为辅，独立创业为个案，才是合理的人才培养方向。为大学生建立创业园区，把学生放在温室里，并不能帮助学生成功创业。他认为完备的创新服务、活跃的创业生态是零号湾成功的秘诀。一个优秀的科技创新人才，未必就是一个成功的创业者，更何况，从零开始的创业往往是"九死一生"，再好的思路和点子，如果不能闯过产品化、市场化的层层阻碍，也只能"束之高阁""养在深闺"。

王闽教授是一位传奇人物，如今是上海的一位网红。作为商人的他，能够运筹帷幄、沉浮商海；作为教授的他，用丰富的知识储备感染着身边的人；作为父亲的他，用关怀之心尽职尽责；作为奔跑者的他，征战各地马拉松。他创办了上海绿水青山体育发展有限公司，并把企业办到了国外。传奇海归王闽教授认为"创业是一场自我修行的马拉松"。年近华甲的他以《新形势下高校就业创业工作与大学生职业发展的新思考》为题，从创业者的维度谈创业，用自己的创业经历实践阐释创业的真谛，一句句亲切的话语娓娓道来，让人们认识到创新创业的机会就在我们每一个平凡的人身边。他幽默风趣的讲座给人们很多启发、思考，现摘要如下分享大家：读大学的目的是什么？建立个人的人生社会网络，提升自我素质，强化使命责任，服务社会，改变世界。改变世界是一种真正的信仰和力量。高校要燃起学生的激情，教师应该研究如何点燃学生心中的蜡烛。他认为创业者必须是一个理想主义者，创业者都会充满激情，喜欢自己的工作，有主见、不怕失败，乐于助人。创业者必须永远保持一颗年轻的心，因为年轻，什么都有可能；要让不可能成为可能；要保持谦卑的心态，要有饥饿感，要有一定的学识智慧；善良比聪明更难；格局＝成功，计较＝坟墓；一个人可以走得很快，一群人可以走得更远；创业其实是一个人的心灵、经验、价值观的体现，反映了一个人的成长环境、教育、对生活的态度；创新创业不一定要做高大上的事；就业是最好的创业，通过就业解决自己的职业，依托职业实现创业；创业离不开天时、地利与人和，包容、和谐、创新、向善是创业者的必备品质；要把创业当创新，创业是一种人生态度，创业是人生最好的挑战；人生只有两件事：养好身体，满足灵魂；生活有两大误区：一是生活给人看，二是看别人生活。

三、知名专家说职教，人才培养有真知

上海城建职业学院院长叶银忠教授做了题为《上海高校就业及创业教育思考与探索》的讲座。他介绍了学院的基本情况、就业工作的做法及内涵发展。他一些颇有见地的观点：就业工作不是孤立存在的，是全校性的工作，涉及学校各个方面，需全员参与。招就处、教务处与学工处协同推进就业工作格局，招生办设在教务处，就业办设在学生处。就业工作仅靠学校是做不好的，企业复工进展一步，学生实习跟进一步。校企合作、产教融合的做法是抓大不放小。就业质量更多体现在人才培养质量、企业对人才的满意度上。学院内涵发展主要体现在人才培养、专业建设、师资队伍建设、产教融合、校企合作、科学研究、社会服务、国际合作交流、内部治理体系建设等方面。专业建设应该有所为、有所不为。专业建设的第一个关口是设置什么专业，不办什么专业，专业设置必须根据社会需求。要以数字化赋能专业建设，重点培养适应数字化、智能化发展需求的新专业。办学以教师为本，教学以学生为本。创新创业教育非常重要，但与教育教学工作不能冲突，必须与专业教学工作相结合。创新创业教育要放在学校，但孵化要与社会结合，走向市场，在校内孵化不出来创业成果。要通过深化校企合作落实产教融合。实现校企共建实训基地，共育师资，共建专业（课程、教材、人才培养方案），共建协同创新中心（技术研发，成果转化），共建产业学院（探索双元育人机制）。

华东师大创新创业学院常务副院长阮平章教授做了《以学生发展为中心的育人体系构建》的报告，他从大学的使命、问题与挑战、世界各国的探索与实践、华东师大的育人方案几个方面，阐述了他的教育理念、观点，分享了创业实践案例。大学的使命：育人为本。华东师大的历史使命：育人、文明、发展——育人为本。大学的劳动教育应以双创为主。第一课堂应把夯实基础和凸现前沿相结合，打造"精炼、优质"的学科基础课程和专业核心课

程。第二课堂以实战、比赛、活动、双创为主，养成教育方案充分体现目标导向、问题导向和系统化设计思路。华东师大的育人方案：（1）以思维培养为导向，以学生能力达成与素质发展为中心；（2）以评价为切入口，引领人才培养的卓越育人工作；（3）以双创教育"新引擎"推动教育教学改革。创业引领就业，创业带动就业。

通过本次培训班学习，本人增强了搞好分管的教学、科研、学生、招生、就业、质量管理等工作的信心和决心，加深了对校企合作、就业创业、内涵建设、高质量发展等热点、难点问题的认识，进一步完善了工作思路，必将为做好本职工作、推动学院事业长远发展而不懈努力！

第四部分
附 录

白旭宁简介

白旭宁，男，汉族，1968年2月出生于甘肃省正宁县山河镇佑苏村，大学本科学历，1992年12月加入中国共产党，1993年7月参加工作。先后在庆阳财政学校办公室干事、团委委员、教工团支部书记、学生科干事、学生科副科长、办公室副主任、行政党支部书记、办公室主任岗位工作。2009年任庆阳理工中等专业学校副校长、高级讲师，2015年2月任庆阳职业技术学院副院长、副教授。

1993—2008年，连续16年被庆阳财校评为"先进教育工作者"，期间参加财校科级干部和专业技术人员考核，每年都为优秀；1998年、2001年，被评为庆阳财校第一、二届"十优青年教工"；2001年、2006年，被庆阳财校党委授予"优秀党员"称号；2003年6月，被中共庆阳市委授予"市直机关干部思想作风建设活动先进个人"。2007年5月，获庆阳市第二届"十大杰出青年提名奖"。2012年获全省职业技能鉴定先进个人荣誉。2021年，市政府、庆阳军分区授予全市征兵工作先进个人。曾担任《哲学》《秘书学》《文书学》《应用文写作》《行政管理学》《职业道德和职业指导》《逻辑学》《形势与政策》等课程的教学。主编、参编教材、著作6部，主持、参与省级科研课题7项，先后在国家、省、市级刊物发表文章300余篇。

2009年8月—2015年1月任庆阳理工中等专业学校副校长，分管办公室、学生科、招生办公室、就业指导科、职业培训科。2015年2月任庆阳职业技术学院副院长以来，先后分管党政办公室、纪检监察处、宣传统战部、教务处、学生工作处、科研处、质量管理办公室、教学督导室、学生资助中心、团委、图书馆及各教学单位。兼任庆阳市科协委员，庆阳市哲学学会副会长，庆阳市护理学会副会长，庆阳市创业指导专家，庆阳市理论宣讲团成员，政协西峰区第九届委员会委员。